初 等 教 育 学

算数科 基礎基本講座

子どもの実態に合った
算数授業のための 84講座

筑波大学附属小学校算数教育研究部 編著

東洋館
出版社

はじめに
―ツーランクアップを目指す教師のために―

　筑波大学附属小学校算数教育研究部は，算数教育のあるべき姿を追い求め授業研究に勤しんでいる。我々が大事にしているのは，算数の学びは子どもが学習対象に対して自ら抱いた問題意識を変容させながら本質を追究していくものであり，仲間と知恵を出し合いながら問題解決に立ち向かっていくものであるという算数の授業観である。

　そのため，指導内容の本質，即ち算数科の基礎・基本とは何か，そして算数授業をつくるときに大事にすべきことはどういうことかということを，子どもの側に立って整理しようと日々試みている。そして，このような学びを通して子どもが得た算数科の基礎・基本は，必ず子ども自身が新たな問題解決場面で活用できる基礎・基本となると確信している。

　ところで，いよいよ来年度から新学習指導要領が完全実施となる。そこでは，「数学的な見方・考え方を働かせ，数学的活動を通して，数学的に考える資質・能力を育成すること」が目指される。それは，単なる知識や技能の定着という結果だけを目指すのではなく，その習得の過程にあたる学び方を重視するということを意味する。事実，小学校学習指導要領解説 算数科編には「数学的活動を通して，児童の主体的，対話的で深い学びの実現を図るようにすること。その際，数学的な見方・考え方を働かせながら，日常の事象を数理的に捉え，算数の問題を見いだし，問題を自律的，協働的に解決し，学習の過程を振り返り，概念を形成するなどの充実を図ること」という記述も見られる。新学習指導要領で新たに用いられる数学的活動は，子ども目線から数学的な問題発見や問題解決の過程を捉えようとした概念であり，我々が大事にしている算数の授業観にも近い。つまり，筑波大学附属小学校算数教育研究部が一貫して大切にしてきたことが，新学習指導要領でも重視されるようになったとみることができるのである。

　そこで本書では，改めて算数科の全指導内容を振り返り，基礎・基本として大事にしなければならない内容を84の項目に絞って提案することにした。各項目は，新学習指導要領の学年，領域に対応するように整理し，それぞれの内容を見開き2ページにわかりやすく表現するようにした。なお，本文中の青字で強調されている部分は，基礎・基本を習得する過程で大事になる数学的活動に関する記述であり，子どもが生き生きと算数の学びに向かう姿を実現するための指導のポイントとなっている。また，見開きの2ページ目の上には，それぞれの項目の基礎・基本を指導する上で，教師が知っていると都合のよい情報を載せた。本書を読めば1年生から6年生までの算数科の指導内容及び指導のポイントを概観することができるわけである。

　さて，今回の学習指導要領が変わる節目に時代も平成から令和へと変わる。これまでの算数教育のあり方自体を振り返るのによい時期かもしれない。算数教育に関する研究は，算数科（数学科）教育，

あるいは教育方法学等のパラダイムの中で継続され深まってきた。それは，小学校から中学校，高等学校へと繋がっていく算数・数学の系統性を前提とし，それを子どもの発達と関連付けながら行われてきた研究である。系統性が明確な算数・数学という教科の特性を考えると当然の研究方法であり，研究内容でもある。

　その一方で，我々小学校教員が小学校現場で目の前にいる子ども達と日々の算数授業を行いながら，授業者として実践研究を継続的に積み上げてきたという事実がある。そこでは，授業研究の継続によって個々の子どもの具体的な発達特性や認知特性に関する知見を得た。そして，具体的な知見を生かしながら小学校という枠組みの中で積極的に算数の授業研究を行ってきたのである。それは，言わば「研究者としての教師」が行う「初等教育学」というパラダイムにおける算数の授業研究である。

　「研究者としての教師」は，目の前にいる子どもという現実に真正面から向き合い，把握した子どもの事実を大切にしながらその子が確かな基礎・基本を身につけられる算数授業の実現を目指す。それは，算数的な事象に対する個々の子どもの認知特性，他者との関わりや相互作用に関する子どもの発達段階の特性，学習に対する子どもの特性等を，教材設定，学習形態，授業構成等に生かしながら行う算数の授業研究を意味する。

　本書には，そんな「初等教育学」という視点から算数の指導内容を見直す1冊にするという意味合いも込めた。つまり本書の記述内容が，算数の授業研究を行っている「研究者としての教師」にとって，自分自身の教材の見方や子どもの見方，授業の見方を改めて振り返るきっかけとなればと考えたのである。

　もうおわかりだと思うが，本書で目指す表題の「ツーランクアップを目指す」の「ツーランクアップ」とは次の2つである。

　1つは，算数科で大事にすべき指導内容及び授業づくりの基礎・基本を子どもの側から確実に理解することである。

　もう1つは，「初等教育学」という視点から目の前にいる子どもという事実を大事にした算数の授業研究ができるようになることである。

　本書が，これから小学校教員を目指そうとする大学生や，小学校の現場で活躍している若手の教員，あるいはベテランの教員の皆様にとって算数教育や算数の授業研究を考えるきっかけとなれば幸いである。そして，実際に日々の算数授業の改善に活かしていただけたならば，我々にとってはこの上もない喜びである。

2019年6月
筑波大学附属小学校算数教育研究部　山本良和

Contents

1年

A 数と計算	10 までの数	6
A 数と計算	たし算	8
A 数と計算	ひき算	10
A 数と計算	10 より大きい数	12
A 数と計算	たすのかな　ひくのかな	14
A 数と計算	3 口のたし算	16
A 数と計算	3 口のたし算・ひき算	18
A 数と計算	くり上がりのあるたし算	20
A 数と計算	くり下がりのあるひき算	22
A 数と計算	大きな数	24
B 図形	かたち	26
C 測定	長さ	28
C 測定	とけい	30
C 測定	広さくらべ	32

2年

A 数と計算	1000 までの数	34
A 数と計算	たし算の筆算	36
A 数と計算	ひき算の筆算	38
A 数と計算	たし算とひき算	40
A 数と計算	分数	42
A 数と計算	かけ算	44
A 数と計算	1000 より大きい数	46
B 図形	三角形と四角形	48
B 図形	長方形と正方形	50
B 図形	はこの形	52
C 測定	時刻と時間	54
C 測定	長さ	56
C 測定	水のかさ	58

3年

A 数と計算	わり算	60
A 数と計算	たし算とひき算	62
A 数と計算	あまりのあるわり算	64
A 数と計算	かけ算の筆算	66
A 数と計算	2位数×2位数のかけ算	68
A 数と計算	小数	70
A 数と計算	分数	72
A 数と計算	□を用いた式	74
B 図形	円と球	76
B 図形	三角形	78
C 測定	時刻と時間	80
C 測定	量と単位	82
C 測定	長さ	84
C 測定	重さ	86
D データの活用	表と棒グラフ	88

4年

A 数と計算	大きな数	90
A 数と計算	わり算の筆算	92
A 数と計算	およその数	94
A 数と計算	式と計算	96
A 数と計算	小数のかけ算	98
A 数と計算	小数のわり算	100
A 数と計算	小数	102
B 図形	垂直・平行と四角形	104
B 図形	角	106
B 図形	面積	108
B 図形	立方体，直方体	110
C 変化と関係	折れ線グラフ	112
C 変化と関係	変わり方	114
C 変化と関係	簡単な割合	116
D データの活用	資料の整理	118

5年

A 数と計算	整数の性質	120
A 数と計算	小数のかけ算	122
A 数と計算	小数のわり算	124
A 数と計算	分数の加減	126
B 図形	体積	128
B 図形	合同	130
B 図形	図形の角	132
B 図形	面積	134
B 図形	四角形や三角形の面積	136
B 図形	円と正多角形	138
B 図形	角柱と円柱	140
C 変化と関係	比例	142
C 変化と関係	単位量あたりの大きさ	144
C 変化と関係	速さ	146
C 変化と関係	割合	148
D データの活用	円グラフと帯グラフ	150

6年

A 数と計算	文字を使った式	152
A 数と計算	分数×分数	154
A 数と計算	分数÷分数	156
B 図形	円の面積	158
B 図形	線対称な図形，点対称な図形	160
B 図形	拡大図・縮図	162
B 図形	角柱と円柱の体積	164
C 変化と関係	比	166
C 変化と関係	比例と反比例	168
D データの活用	資料の調べ方	170
D データの活用	場合の数	172

参考文献一覧 ⋯⋯⋯ 174

― 1年 ―
01　A 数と計算
10までの数

（中田寿幸）

育成する資質・能力

○集合の観点を明確にしたり，2つの集合の多少を比べるのに，1対1対応の考えを用いたりしている。
○10までの数について，正しく読んだり書いたりすることができる。
○数の分解・合成を，順序立てて考えている。

集合を作る

　たし算，ひき算をするときには，「りんご2個と犬3匹はたし算できない」などの同じ集合同士でないと合わせたり，引いたりできないことを学ぶ。

　教科書の最初には花や鳥など，いろいろなものがたくさん載っているページがある。その中から同じものを集合としてとらえていった見方を認めていく。「黄色い花が3本」「ちょうちょが4匹」などのようにである。

　最初に集合の概念を学ぶ数は3がよいとされている。これは1と2では，子どもが集合を意識しづらいためである。3つのものを探したり，タイルを対応させたり，○に色を塗ったりする活動から入るとよい。

　教科書では例えば9を学習するときに右のような絵が出ているときがある。

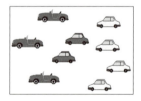

　車の集合としては9台だが，オープンカーと乗用車に分けて考えれば3台と6台となる。また，赤い車と白い車と考えれば5台と4台となる。初めて9という数を学習する場面ではあるが，集合を考えて，9の分解をしながら「9」の理解を深めていくとよい。

一対一に対応させる

　「象とねずみはどちらが多いか」は数を数えなくても，一対一に対応させながら，数の大小を比べていくことができる。

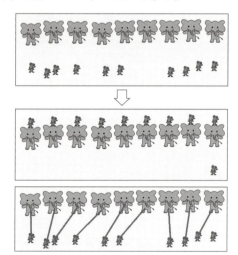

具体物を動かせるようにして手をつながせたり，動かせないものは線で結んだり，タイルを置いたりして，比べていく。

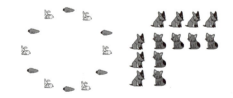

　このような一対一の対応がもとになって，数ができ，数に置き換えられれば，比較が容易にできる。

単元指導のポイント

数の合成分解

5は次のように表せる。
○と○○○○　1と5
○○と○○○　2と3
○○○と○○　3と2
○○○○と○　4と1

　左のように、5を1と4を合わせた数と見る場合を合成、逆に5を1と4に分けて見ることを分解という。
　繰り上がりのない加減は合成と分解そのものであり、繰り上がり、繰り下がりの加減も合成と分解が計算の元になっている。

数を数える

　1, 2, 3, 4, 5, 6, 7, 8, 9, 10は、「いち、に、さん、し、ご、ろく、しち、はち、く、じゅう」と読む。しかし、4, 7, 9については単独で読むときは、「よん」「なな」「きゅう」となることが多い。例えば「7は3と4」は、「しちは　さんと　し」と読まずに「ななは　さんと　よん」のように読む。また、十の位になると「よんじゅう」「ななじゅう」「きゅうじゅう」と読む。「し」は死を「く」は苦をイメージさせるから避けれらてきたとか、「しち」は「いち」と音の区別がつきにくから言いやすいようになってきたと言われている。地方による違いや、例外も多くあるので、教師がその違いを意識していれば、混乱している子どもに対応していける。
　なお、10から9, 8……と降りてくるときには「きゅう」「なな」「よん」と読む。
　また、0は「れい」と読む。「ゼロ」は辞書ではフランス語となっているが、生活の中では普通に使われ、ほとんど日本語のようになっている。
　以上のようなことに気を付けながら、何度も数を数えることをさせたい。具体物を数えることはもちろんだが、時間等見えないものを数えていくこともさせていきたい。

数字を書く

　はねやはらいは数字にはない。「数字の最後はピタッと止める」ことができていれば、丁寧に数を書ける。丁寧に書いていくと、形は整っていく。
　このときの板書はやはり書いて見せたい。ひらがなの指導で使う1マスが4つに分かれている黒板を使い、どこから書き始め、どこで書き終えるのかを実際に書いて見せたい。しかし、書いてすぐに子どもに書かせてもうまくは書けない。空書きをして書き順を確かめていくとよい。
　形よく書くためには書き順は大切である。5, 7, 8, 9, 0を間違える子どもが多い。
　5の書き順を間違えるとひらがなの「ら」のようになってしまう。1画目と2画目の接続が違うことで見分けることができる。
　5, 7を1画で書く子がいる。9はひらがなの「の」のように書く子もいる。
　8, 9, 0は書き始めがどこなのかがわかるように掲示物にしておくとよい。書き始めが下になると、0（れい）が○（まる）になってしまう。

10までの数　7

1年
02 A 数と計算 たし算

(森本隆史)

育成する資質・能力

○加法の意味について理解し，加法が用いられる場面を式に表したり，式を読み取ったり，和が10以下になる1位数と1位数の計算を確実に処理したりすることができる。
○計算の意味や計算の仕方を考えたり，日常生活に生かしたりする。

たし算（加法）の意味

　整数のたし算は，具体的な分離量を使って導入する。分離量とは，りんごの個数や金魚の数などのように，最小単位が決まっている量のことである。たし算が使われる場合には大きく5つがあるが，第1学年では主に①～③を扱い，④⑤については子どもたちの実態に応じて適宜扱うとよい。

①2つの量が同時にあるとき，それらの2つの数量を合わせた大きさを求める場合（合併）
②はじめにある数量に，ある数量を追加したり，増加したりしたときの全体の大きさを求める場合（増加）
③ある番号や順番から，いくつか後の番号や順番を求める場合（順序数を含む加法）
④大小2つの数量の差と小さい方の数量が分かっており，大きい方の数量を求める場合（求大）
⑤異種のものの数量を，同種のものの数量に置き換えて，2つの数量を合わせた大きさを求める場合（異種のものの数量を含む加法）

(1) 合併

　①は，例えば「左手にいちごが3個，右手にいちごが2個あるとする。このとき，両手のいちごを1つの皿に入れると全部でいちごは何個になるか」という問題がそれにあたる。この場合，図で示すと次のようになる。

(2) 増加

　②は，例えば「はじめに皿にいちごが3個のっている。その皿に後からいちごを2個のせると全部でいちごは何個になるか」という問題がそれにあたる。この場合，図で示すと次のようになる。

　加法の学習をするときに，具体的な場面について，子どもたちがどの場合も同じ加法が適用される場として判断することができるようにすることが大切である。
　たし算を定義する導入場面としては，合併を扱うことが多い。たし算とは「2つの集まりを一緒にすること」というイメージがある。**おはじきなどを操作して，対応させることが大切である。増加の場合も操作させ，合併も増加もたし算であると判断させる。**

たし算の仕方

　第1学年のはじめのたし算では，1位数と

単元指導のポイント

加法の意味理解を確かにし，日常生活に活かす

日常生活において，子どもたちが学習する加法が用いられる場面は多くある。このような場面で加法の式に表すことでそのよさに気付かせ，加法を日常生活に活かそうとする態度を養いたい。また，合併や増加の意味理解を確かにするためにも，それぞれの具体的な場面をもとに絵本づくりをするような活動も大事にしたい。

1年

1位数をたしたとき和が10以下になる計算を扱う。

たし算は2つの集合を1つにして数え，全体の大きさを求める。例えば，6＋2の場合，6と2を一緒にして，1，2，3，4，5，6，7，8と数えて全体の大きさを8とする。

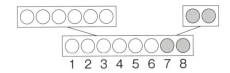

6＋2の場合，1，2，3，……，8と数えないで，6を念頭において加数の2を順に，7，8と数えて結果を求める数えたしの方法もある。このようなこともして，全体の大きさを正しく求めることを大切にしたい。

加法の式

子どもたちが式と初めて出合う単元となる。加法が用いられる具体的な場面を，＋や＝の記号を用いた式に表したり，それらの式を具体的な場面に即して読み取ったり，式を読み取って図や具体物を用いて表したりすることができるようにする。

文章題

(1) こうえんでこどもがあそんでいます。すなばには5にんいます。ブランコには3にんいます。あわせてなんにんでしょう。【合併】

(2) すいそうのなかにきんぎょが6ぴきいます。あとから2ひきいれました。きんぎょは，ぜんぶでなんひきになったでしょう。【増加】

(3) あいりさんは，まえから4ばんめです。あいりさんのうしろには3にんいます。みんなでなんにんならんでいるでしょう。【順序数を含む加法】

合併や増加，順序数や集合数に関連したたし算なども，基本的には2つの部分集合を一緒にして数えればよい。

文と図と式とを対応させる

文と式を結びつけるものとして，図（絵）がある。「文を読んだときのイメージを図で表す」「文を読んだときの図を選ぶ」「図を文で表す」「図を式で表す」という活動を経験させていくとよい。

関数的な見方の素地を育てる

答えが同じたし算カードを並べて，おもしろいきまりをみつける活動を仕組むとよい。

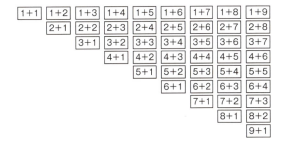

たし算　9

1年 03 Ⓐ数と計算 ひき算

(中田寿幸)

育成する資質・能力

○ひき算の意味を理解し，1桁同士のひき算の計算ができること。

ひき算の意味を考え，式をつくる

(1) 求残

たし算の「増加」の問題の逆であり，おはじきで表せば次のようになる。

時間の経過を表すのに取り去った動きを矢印で表すことが多い。また，取り去ったものを動かさずに紙で隠したり，斜線で消すことで取り去ることを表しておくと，以後のひき算と意味の統合を行いやすくなる。

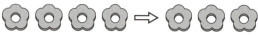

(2) 求差

違いを求めるのは，「どちらがいくつ多いか」という問題で提示される。これまでに学習してきた一対一対応を使って考える。

図に表すと次のようになる。

子どもは7つの○から，3つの□をとると考える。具体物等を操作すると○が7つ残ってしまう。

ここでは，集合の違う○から□は引けないので，○と□を一対一で対応させて，次のように，□の3つに対応する○3つを○7つから引くと考えるのである。

具体物やおはじき等を操作させると，○と□を重ねて，3つ分を一度にとる操作をする子もいる。

(3) 求補

「いちごを4つとりました。あといくつとるといちごは7つになるでしょう」という問題なら求残と同様に考えられる。

「女の子が7人います。折り紙が3枚あります。あと何枚あれば一人に1枚ずつわたせるでしょうか」という問題は求差と同様に考えられる。

(4) 順序数と集合数

「子どもが7人並んでいます。たかし君は前から3番目です。たかし君の後ろには何人いるでしょう」という問題である。図に表すと次のようになる。

たかしの位置を表す3番目は順序数であり，たかし1人を指しているが，たかしまでで前

| 単元指導のポイント |

ひき算が使われる場面

(1) 初めにある数から，取り去ったり，減少したりしたときに，そこにある数のものが残るという場合。（求残）
(2) 2つのものの数を比較して，違いを求める場合。（求差）
(3) 必要な数から不足している数を求める場合。（求補）
(4) 全体の人数が分かっているとき，ある順番から，後ろにいる人数を求める場合

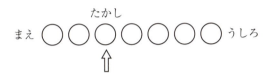

には3人いるという集合数となることを押さえる必要がある。

学習してきた順序数，集合数の復習の場面ととらえることもできる。

計算練習

1桁同士のひき算については覚えるまで練習を繰り返したい。その際，ブロックやおはじきなどを使ったり，○などをかいて，ひく数を斜線で消していったりしながら，1つずつ答えを確かめて，確実に覚えていかせたい。

$$7 - 3 = 4$$

⊘⊘⊘○○○○

1桁同士のひき算は全部で55種類ある。しかし，0をひくひき算，同じ数同士をひくひき算を除けば36種類。さらに1だけひくひき算，答えが1になるひき算などを除くと21種類。そこから自分のできるひき算をとっていけば，本当に覚えなければならない計算は絞られてくる。計算カード等を使い，自分の課題となる計算を絞って，繰り返し練習していくことを教えていきたい。

関数の見方をする機会

「答えが2になるひき算は，どんな式がある？」と聞く。一人に1つの式を発表させていくと，次のように式が出てくる。

「4-2」「10-8」「3-1」「2-0」「8-6」「6-4」「9-7」「5-3」「7-5」と発表された式を画用紙に書いて黒板に磁石で貼っていく。

『これで全部かな？　もうない？』と聞くと，「もうない」と答える。『本当にもうない？』と聞けば，「だって，全部出ているから」「10, 9, 8……って全部あるから」と答える。『本当に全部あるのかなあ。よくわからないなあ』と言えば，式を書いた画用紙を右のように並び替える子が出る。

ひかれる数，ひく数という言葉をここで教えなくてもよいが，「左の数は1ずつ減っている」「右の数も1ずつ減っている」「左の数も右の数も1ずつ減っている」など，数の変化を読み取らせていきたい。たし算の学習と比べながらできるとよい。

「10-8」
「9-7」
「8-6」
「7-5」
「6-4」
「5-3」
「4-2」
「3-1」
「2-0」

ひき算　11

── 1年 ──
04 Ⓐ数と計算

（森本隆史）

10 より大きい数

育成する資質・能力

○ 10 から 20 までの 2 位数の表し方については，「十と一のことを十一，十と二のことを十二という」と
いったきまりを理解することができる。
○数の大きさの比べ方や数え方を考えることができる。

第 1 学年の数範囲

第 1 学年では，120 程度までの簡単な場合について，3 位数の表し方を指導することになっている。

実際の指導は，4 つの段階に分けて指導している。

① 1〜10
② 10〜20
③ 20〜100
④ 100〜120

最初の①の段階は，1〜10 までの数を把握して，数詞や数字を全部覚える段階になる。1 を「イチ」，2 を「ニ」と覚えるのである。ただし，実際のところ，就学前に数を唱えることができる子どもは多い。

次は②の段階になる。10〜20 の段階は，「10 といくつ」ということが大切になる。1〜10 の数は，数の唱え方を覚えなければならなかったが，10 から先は覚える必要がない。「十と一のことを十一という」「十と二のことを十二という」「十と三のことを十三という」というように，きまりがあるからである。このきまりがわかれば，子どもたちは自分で数詞を作ることができる。

3 つ目の段階は 20〜100 の段階になる。こ

こでは，「十がいくつ分」ということを大切にするようになる。「十が二つ」を「二十」という。「十が三つ」を「三十」という。「十のいくつ分」は「いくつ十」になる。この約束がわかれば新しい数詞を覚えなくても，99 までの数詞をいうことができる。

④の段階として，120 程度までの数についても学習することになっている。100 を越えた数詞を言わせたときに，「百一」「百二」……「百九」の後に，「百十」ではなく「二百」と言ってしまう子どもが多いからである。「百九」の次は「百十」であることを教える。そうすると，「百十一」「百十二」……「百十九」までは言える。ところが，「百十九」の次を「二百」と言ってしまう子どもがいる。そのときに，「百十九」の次は「二百」ではなく「百二十」であることを教えるのである。

十進位取り記数法

単位が 10 まとまるごとに，十，百，千，……のように新しい単位を作り，それらの単位の個数を 0〜9 の数字を使って表す命数法や記数法を十進記数法の原理という。また，単位の大きさをその単位の個数を表す数字の書く位置によって表す記数法を位取り記数法の原理という。2087 のように，十進法と位

| 単元指導のポイント |

数のまとまりに着目して，数の数え方を考え，日常生活に生かす

　数える対象となる数が大きくなってくると，間違わないように数えることやより簡単に数えることが必要になってくる。2ずつ数えて10のまとまりを作ったり，10のまとまりを作ったときに，残りのばらと分けて置いたりする工夫ができるようにしたい。10のまとまりを作ると，後から数え直す手間も少なくてすむなどのことに気付くことが大切である。

取りの原理を併用した記数法を十進位取り記数法という。この単元では，10の1と0が別の役割を果たしているように見えてくる必要がある。この見方はこの単元で終わるわけではなく，100までの数や2年生以上の大きな数の学習でも出てくるものである。

10のまとまりをつくる

　この単元では先ほどの②の段階の学習をする。つまり，10〜20の学習である。ここで大切になってくることは「10といくつ」ということを子どもが意識して数を捉えることである。

　1年生の子どもたちに「今からりんごを見せるよ。いくつあるかな」と言って，一瞬だけ下の絵を見せて隠す。

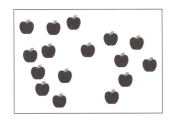

　りんごはバラバラに配置してあるので，一瞬見ただけでは子どもたちは数えることができない。「ええ，数えられないよ」「もう一回見せて」という声が聞こえてくる。りんごを見せたときに，子どもたちは一生懸命数え始める。そこでまた隠す。1，2，3，4，5，

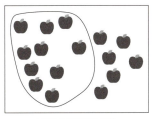

……と順番に数えていくと大変だということを子どもたちが感じたところでりんごの絵をしっかりと見せる。

2，4，6，8，10，2，4……と数える子どもがいれば価値付ける。10を意識して数えているからである。数えるときに，下のように「10のまとまりで線をひくとわかりやすい」という意見も子どもから出したいものである。また，りんごが動くようにしておくとおもしろい。りんごが動くのであれば子どもたちはわかりやすいように動かすだろう。そのとき，10のまとまりが見えるように動かすはずである。

十の位と一の位

　10のまとまりの数を書くところを十の位といい，ばらの1がいくつあるかを書くところを一の位ということを右のように書いて教える。

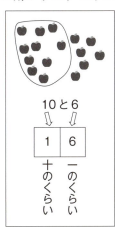

10より大きい数　13

── 1年 ──

05 Ⓐ数と計算

たすのかな　ひくのかな

（田中博史）

育成する資質・能力

○どの演算を用いればいいのかを判断し，立式して答えをもとめることができるようになる。

足し算，引き算に出会う最初が大切

　単元「たすのかな　ひくのかな」は通常，繰り上がりのある足し算や繰り下がりのある引き算などを学んだあとで設定されている。

　しかし，加法，減法を学んだ初期から，実は生活場面にはいろいろな事象があり，それらの違いはどのような言葉によって表されているかを子どもたちに読み取らせていくことが大切である。

　加法，減法の技能習熟の段階までいくと，計算技能の定着の方に力が注がれてしまうため，日常場面との結びつけなどをゆっくりとやっている時間がない。

　そこで，加法，減法に出会った初期の頃にそれぞれの場面で用いられている言葉の違いを国語教育とも連携させて考えさせていく時間を意識するとよい。

　特に数の概念を育てていく段階では，それぞれを絵やブロックで表す時間をたくさんとっている。この時間に場面の違いを操作することを通して繰り返し行っていくことが大切である。

　その意味では，かつては四則並進指導なども行われていた時代があるが，違いを意識させるにはまず場面を複数通り見せて，それら

を区別するような活動を経験させていくことが必要である。

〈四則並進について〉

　現在の教科書が採用しているように，加法→減法→乗法→除法というように，一つずつの演算を順に教えていく方法を四則単進主義とよぶが，かつての国定教科書の時代には，これらの演算を同時に教えていく主義も採用されていた。

　拠り所にはグルーベの「多方的取扱主義」があり，十以下の数を学ぶにも，例えば4は1＋3，2×2，8÷2というように，多方面から同時に数の合成分解をさせていく指導法である。

「あわせて」「ふえると」「のこりは」「ちがいは」などのキーワードを早くから教えないこと

　子どもたちが学ぶ演算決定の仕方だが，大人からキーワードを教えてもらって区別する場合と，たくさんの場面表現から共通するキーワードを見つけて帰納的に理解する場合とがある。

　概念の指導は実は後者の立場をとらないと，子どもたちが機械的に判断するようになってしまうため，本来育てたいイメージ化ができ

単元指導のポイント

四則の意味指導を二つの視点で整理する

日本の演算の意味指導には大きく分けて2つの視点がある。
一つは量と量の演算である。もう一つは量に対する操作の演算である。

・加法は，合併と増加として指導している。
・乗法は，積（ただし正確には，学習指導要領上の扱いでは，量×量にはなっていないが…）と倍として指導している。
・除法は，包含除と等分除である。
・減法は，求残と求差がある。だが，求残は量から量をとる合併の逆の場合もあるし，増加と同じように操作としての減法もある。また求差も同質の量の比較の場合もあれば異質のものを置き換えて比較する場合にも用いる。つまり一つの演算を量同士の演算と見るか，異質の量の演算と見るか，また一つの量に対する操作（関数）としての演算で見るかによって整理の仕方も変わってくる。

ないうちに，使うようになる。留意したいものである。

加法の場面や減法の場面を同時にたくさん扱っているうちに，「先生，いつもあわせてがあると足し算だね」と子どもたちが呟くのを待てばいい。教師はそれを聞いて「ほんとだ。面白いね」と付け加えて「先生，ぜんぶで……というときもあるよ」など関連する言葉を拡げていくのである。自分たちが帰納的に見つけたきまりは後から修正することもできる。

「今まで，あわせてというのはいつも足し算だと思っていたけれど，そうじゃないときもある」というように子どもたちが逆思考の場面の際にも使い分けができるようになるからである。

教師が約束として教えてしまったものは修正がきかない。疑うことなくそのキーワードだけで演算を決定してしまう子を育てないためにも，ゆっくりと指導していくのがよい。

いずれにしても分類する活動をさせるには異なる種類も見る必要があるから，加法と減法の場面は同時に見せていくぐらいでよいという指導方法も考えられる。子どもたちに足りない力がこの区別していく力だと考えたら，その問題意識に合ったカリキュラムの変更をしていくことも必要になる。

演算場面を絵で表現する力と それを読み取る力を育てること

数の概念を育てるのにたくさんの具体的な絵やブロック操作をしてきたように，演算のイメージ化にも絵や操作が大切である。

私はこうした活動では，子どもたちの言葉の成長も視野に入れることが必要だと思っているため，算数教育でもカルタづくりの活動を提案している。読む，聞くの活動頻度が高いことと，聞くのあとにイメージ化が連動することで概念を育てるのに向いていると考えるからである。

たすのかな　ひくのかな　15

06 ３口のたし算

1年 ／ Ⓐ数と計算 ／ （大野桂）

育成する資質・能力

○式は「時系列」を表す，即ち「式は場面を表す」ということが理解できるとともに，式表現，式の読みができる。
○十進位取り記数法を想起し，そのよさを再確認しながら，工夫した計算を考えることができる。

「時系列」を表す式の役割の理解

一般的に，3口のたし算の導入は次のような問題でなされる。

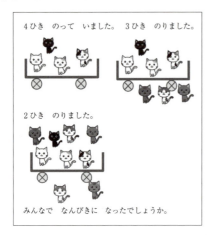

この学習の目的は，子どもが「時系列を追って式表現できるようになる」ことである。

だから，上のように話の順に従って立式する活動を行う。そして次は，反対に「3＋2＋5」などの式から提示し，その式から，どのような話になのかを想像する活動を行う。例えば「どんぐりをおととい3こ，きのうは2こ，きょうは5こひろいましした。ぜんぶでいくつひろったでしょう」という場面が想像でき

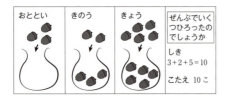

るということである。これを，「3つのたし算お話カードをつくろう」といった活動を通して，式が時系列を表すことを捉えさせていく。

繰り上がりのあるたし算の素地的経験

・「10といくつ」とみさせることが目的

3口のたし算の学習には，もう1つ，「繰り上がりのたし算」の素地的学習という役割がある例えば，以下のようなことである。

$$3+6+4=3+(6+4)=3+10$$

そう，繰り上がりのあるたし算の重点目標である，「10といくつ」とみることである。

・「工夫して計算しよう」では面白みがない

しかし，ただ「3＋6＋4のたし算を工夫して計算しましょう」という課題を与えてやらせても，式を10が作れるように予め設定しているので，「3＋(6＋4)」とするのは当たり前のことで，子ども主体の発想が表現されない面白みのない授業となるだろう。

その問題を解消すべく，次の場面を設定をした。

> 3つのお皿に，それぞれ幾つかリンゴがのっています。全部でリンゴはいくつあるでしょう。

単元指導のポイント

繰り上がりのあるたし算の素地学習としての3口のたし算

加数分解の素地
（9＋4の学習の素地として）

被加数分解の素地とし
（4＋9の学習の素地として）

1年

　子どもから「3つ目の皿が隠れているから，リンゴが全部でいくつか分からない」という反応が予想される。ここで次のように問う。

> 隠されているお皿に乗っているリンゴの個数が，いくつだったら，全部の数を求めるのが簡単ですか？

　子どもに数を決定させることで，3口のたし算を計算しやすくする活動を仕組んだのである。なぜなら，そうすれば，子どもから自ずと「10をつくる」という発想が出てくると考えたからである。

・発想1　「総和を10とする」

　「1こがいい」という反応が返ってくる。

> 2＋7＝9だから，あと1つあれば，9＋1＝10で10こになるから。

　「総和を10にする」と考えたのである。これは1個より多くすると，「たし算に繰り上がりが起こるから難しい」と無意識に捉えているからかもしれない。

・発想2　「10といくつ」とみる

　次の場面を提示する。既に10を越えてい

る状態である。隠されているお皿に乗っているリンゴが「1個の場合，2個の場合……」と9個の場合まで，リンゴが乗った皿を例示してみて，問う。

> お皿にのっているリンゴがいくつの場合のとき，全部のリンゴの数が分かりやすかった？

　すると，「5こが分かりやすかった」という反応が子どもからでる。

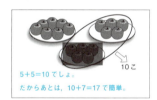

　そうなれば，「だったら，3個でも分かりわかりやすい」という声もあがる。

　いずれにしても「10といくつ」と見ている。
　このように，3口の場合でも，「10といくつ」とする見方のよさを味わわせておくことが，繰り上がりのあるたし算の素地的学習となる。

3口のたし算　17

07 3口のたし算・ひき算

1年　A 数と計算　（大野桂）

育成する資質・能力

○式は「時系列」を表す，即ち「式は場面を表す」ということが理解できるとともに，式表現，式の読みができる。
○素直な発想で，問題場面に応じた計算の仕方の工夫を考えることができる。

「時系列」を表す式の役割の理解

3口の加減混合の学習の意図は，時系列を追って式表現できるようになることである。

・ももが　5こ　ありました。
・3こ　あげました。
・4こ　とって　きました。
ももは　なんこに　なったでしょうか。

だから，まずは上のような話の順に従って立式する活動を行う。次に，上とは反対で，「3-2+4」などの式から提示し，その式から，どのようなお話になのかを想像する活動を行う。

例えば「おととい，みかんが3こありました。きのう，2こたべました。きょう，4こかってきました。いま，みかんはいくつあるでしょう」という場面が想像できるということである。これを下のように，「3つのたし算ひき算のお話カードをつくろう」といった活動を通して，式が時系列を表すことを捉えさせていく。

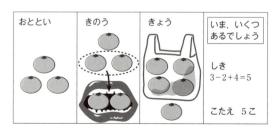

繰り下がりのあるひき算の素地的経験
・「引いてから足す」ことを意識させる

3口の加減混合の計算の学習の重点に「繰り下がりのひき算」の素地的経験がある。例えば，以下のようなことである。

$$9+3-4=9-4+3$$
$$=(9-4)+3$$
$$=5+3$$

どこが素地的経験かというと，「9+3-4」のまま時系列に計算すると，「12-4」となり繰り下がりが起こる。しかし，式の順番を入れ替え，「9-4+3=（9-4）+3=5+3」とすれば，繰り下がりなく計算ができる。この式は，「減加法」といえる。

繰り下がりのあるひき算の学習はというと，次のように「引きやすいように数を分ける」ということを学ばせる。

12-7＝10+2-7＝10-7+2（減加法）

この「引きやすいように3口に分ける」という作業をスムーズに行えるように，3口の加減混合の学習では，そもそも「3口に分けられている」という状況下でその計算の工夫を考えさせる。

18　1年生の内容の基礎・基本

| 単元指導のポイント |

繰り下がりのある引き算の素地学習としての3口の加減混合

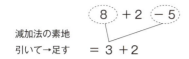

減加法の素地
引いて→足す

被加数分解の素地とし
（4+9の学習の素地として）

- 「繰り下がり」の素地的経験とする手だて

しかし，ただ「9+3-4の計算を工夫して計算しましょう」という課題を与えても，「9-4+3=(9-4)+3」ということに気づく子どもは少ない。なぜなら，式を入れ替える必要感や必然性がないからである。

その問題点を解決すべく，以下のような場面を設定してみた。

> 左の皿に□個，右の皿に□個のリンゴがのっています。そのうち□個食べました。リンゴはいくつ残っていますか。
> ただし，□には5，7，8の数字が1つずつ入ります。

上の問題からは，「8+7-5」「8+5-7」「7+5-8」の3つの式ができる。

(1) 合わせてから引く

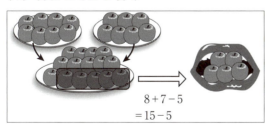

上のように，左から順番に計算する子どもがいるだろう。しかも，15-5であることからその計算も簡単である。

(2) 引いてから合わせる→減加法

「最初に合わせるのが不自然」と感じる子どもは以下のようにする。

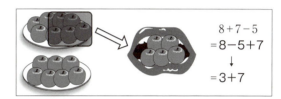

まず「分けたまま」で引き算し，次に足し合わせたのである。これが「減加法」である。

スムーズに「繰り下がりのあるひき算」の学習に入れるようにするためにも，3口の加減混合の学習では，「そもそも3口に分けられている」という状況下で，「減加法」を経験させておくことが大切である。

(3) 引いて，また引く→減減法

ここではさらに，「減減法」も経験できる。それは，「左の皿に5個，右の皿に7個のっていて，8個食べる」という状況，すなわち「5+7-8」という式になる場合である。

「7からも5からも8は引けないので，8を7と1に分けて引いた」，まさしく「減減法」である。これも3口の加減混合の計算で計算させておきたい。

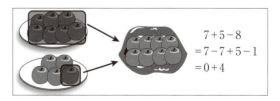

3口のたし算・ひき算　19

1年
08 Ⓐ数と計算
くり上がりのあるたし算

（中田寿幸）

育成する資質・能力

○くり上がりのある加法の計算の仕方を，具体物や言葉，式，図を用いて表現したり工夫したりすることができる。
○10のまとまりを作ると数がわかりやすくなることに気づく。
○被加数や加数の大小に応じて計算の仕方を考えることができる。

他の単元とのかかわり

多くの教科書では「10よりも大きい数」を学習したのちに，「くり上がりのあるたし算」の単元を設定している。しかし，くり上がりのあるたし算の場面から，10よりも大きい数を導入し，くり上がりのあるたし算の学習をしながら，「10より大きい数」の学習もしていくという単元構成も考えられる。

9+4の場面を考えるとき，「10のまとまり」を考えなくても，数えたすことで答えを出すことができてしまう。すると「10のまとまり」のよさが引き出せない。

「10のまとまり」のよさを引き出そうとしたら，20個以上のものを数える場面を設定しないと，「10にまとまり」を作る必然性は子どもからは生まれにくい。

また，「3口のたし算」の単元を「くり上がりのあるたし算」の前に位置付け，8+2+4のような10を作る場面を先に学習していく単元配列も考えられる。

いずれにせよ，「10のまとまり」をつくるよさを感じさせることがこの単元の大切なところである。

「くり上がりのあるたし算」の単元だけで「10のまとまり」のよさを引き出すと考えずに，「10よりも大きい数」あるいは「20よりも大きい数」「3口のたし算」と多くの単元で，繰り返し，「10のまとまり」を作るよさを味わわせていきたい。

「10のまとまり」を視覚化する

「10のまとまり」をどう視覚化していくかは，子どもの発想を一緒に楽しみたい。

分解の表現を「さくらんぼ」を使ってするときもあれば，ひき算を使って表現するときがあってもよい。「10のまとまり」をつくるときに「バナナ」と表現する子もいた。形を変えながらでも，繰り返し，分解して「10のまとまり」をつくっていく方法を子どもの発想で，見出させていきたい。

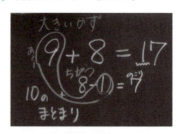

計算カードで計算練習

計算カードで計算練習をさせていくときには，苦手だなと思うカードを抜きだし，カードの束の上の方に並べ替えさせる。すると練習をするたびに，最初の方は苦手なカードを集中して練習することができる。

苦手な計算を子どもたちに出させる時間を

単元指導のポイント

くり上がりのたし算の方法　8（被加数）＋ 7（加数）の場合

加数分解	加数 7 を 2 と 1 に分解して 10 をつくる
被加数分解	被加数 8 を 3 と 1 に分解して 10 をつくる
五二進法	被加数 8 を 5 と 3 に，加数 7 を 5 と 2 に分解して 5 同士で 10 をつくる
数えたし	8 ＋ 7 を 9，10，11……15 と数えてたしていく

とるとよい。「そういうときはぼくはこうしているよ」と，数値によってやりやすいやり方がいろいろあることがわかっていく。1 年生は思い込みが強く，自分のやり方に固執してしまう。友だちの計算の仕方を聞いて，その方法を試してみる機会をとるとよい。

8＋7 のような計算を被加数を分解するとき，加数を分解するとき，8 と 7 をそれぞれ 5 と 3，5 と 2 として，5 と 5 で 10 をつくる方法など，友達のやり方のよさを理解し，共感させていきたい。

くり上がりのあるたし算は昔は加法九九とも言われ，最後は式を見ただけでパッと答えが出せるよう練習していた。2 年生からのたし算の筆算などですぐに答えが出せるようにした方がよいという考え方である。しかし，早い段階から覚えさせると考えない子を育てることになってしまう。いつでも「10 のまとまり」を作ることに戻れるようにしながらも最終的には覚えるまで練習をさせたい。

答えが同じになるカードを集める

答えが同じになるカードが何種類できるのかを考えさせる場面はぜひ扱いたい。被加数が 1 ずつ増えると加数が 1 ずつ減っていくことを，計算カードを並び替えながら見つけさせていく。

答えが同じになる計算カードを並べると，階段状に並べられる。

並んだ計算カードを見ると，きれいな数字の並びが見えてくる。順序良く 1 ずつ増えて並んでいるところが，縦だけでなく，横にも斜めにもある。同じ数が並んでいるところもある。式相互の関係が見えてくる。

階段状に並べる方法はいくつもある。机に並ばせた計算カードを写真にとり，プロジェクターに映して，同じように並べる活動をとるのもよい。並べながら，繰り返し計算をすることになる。

数えたしをする子をどうするか

計算問題を解くときに数え足しをする子に無理やり「10 のまとまり」を作るように言っても，必然性を感じない子どもは数え足しを続ける。「10 のまとまり」を作った方が楽に計算できると考えれば，数え足しはしなくなっていく。そのためには，ブロックの操作で，10 のまとまりのよさを感じさせる活動が必要である。

また，被加数が 9 のたし算のカードだけを抜き出して練習するような場面もあるとよい。9 ができるようになれば，8 のあるカードも 2 を引くだけなので，同様に考えられるようになる。ただしこの方法は引く数が 2 のひき算の学習にもなる。

くり上がりのあるたし算　21

— 1年 —

09 くり下がりのあるひき算

Ⓐ数と計算

（田中博史）

育成する資質・能力

○（十いくつ）－（一桁）の計算の仕方を考え，使うことができるようになる。

指導にあたって

（1）なぜ計算力をつけるのか

　繰り上がりのある足し算と繰り下がりのある引き算は１年生の学習の中で大切なポイントになっている。

　従って，１年生の担任の先生は，これらの計算練習にたくさんの時間を費やす。

　計算指導に対する価値観は過去にも何度か揺れ動いていて，電卓やパソコンが普及する中で実際に人間が計算できる能力にどれほど価値があるだろうと議論され，教科書にも電卓使用を推奨する動きがたくさん現れた。

　当時は，とはいっても電卓をいつも持ち歩いている人はいないから，やはりある程度は必要であると言われたり，概算でだいたいを見積もる力を大切にしようなどという意見も強くあったのである。

　しかし最近ではほとんどの方がスマートフォンなどを持っているため，電卓以上の機能を常時持ち歩いていることになるから，果たして計算技能はいかほど必要なのだろうかともう一度考えることも必要だろう。

（2）覚える計算力と算数

　日本の算数教育の大きな特徴に九九を暗記するという文化がある。日本語ならではの語

呂のよさも手伝って，子どもたちは二年生になると懸命に暗誦し，多くの子どもたちが活用できるようになっている。実は加法，減法の計算もかつては加法九九，減法九九といって暗誦して覚えていた時代がある。

　つまり基礎計算はすべて暗誦することによって身につけていたわけである。

　今は加法，減法は九九のように歌って覚えることはしないが，フラッシュカードのようなものを使ってぱっと言えるところまで訓練するという文化は残っているし，こうした土台があって日本の子どもは計算が得意なのだろうと考えられる。

　だから「覚える計算力の土台」があることはある程度までは大切に指導していくことを日本ではよしとしているのだが，課題はこの時に培われた価値観によって，大人も子どもも計算ができることイコール算数が得意と勘違いしてしまうところにある。

計算の仕方を考える

　そこで**計算の仕方自体を子どもたちに工夫させる**時間を大切にするようになった。

　一般に繰り下がりのある引き算では，子どもたちは次のようにして答えを求めていると言われている。

単元指導のポイント

この学年で指導する引き算の方法は主に２つ

減加法
　12－9で12を10と2に分けて，最初に10－9を行いその答えの1と2を足して求めるという方法。最初に10から引いてあとから足すので減加法とよばれる。

減減法（減々法）
　12－3で2から3を引けるだけ引いて，引ききれなかった1をさらに10から引くという方法。2回引き算をするためこう名づけられた。

ア　数え引きによる方法

12－3の計算で，12から11，10，9と3取り終るまで数詞を唱えながら数えて引く方法。

イ　減加法

12－9で12を10と2に分けて，最初に10－9を行いその答えの1と2を足して求めるという方法。

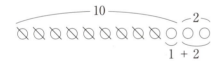

最初に10から引いてあとから足すので減加法とよばれる。

習熟の段階になると，こちらに統一して指導していくことが多い。

ウ　減減法（減々法）

12－3で2から3を引けるだけ引いて，引ききれなかった1をさらに10から引くという方法。2回引き算をするためこう名づけられた。

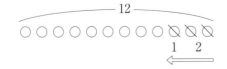

こちらの方が子どもたちの自然な考え方であるが，1回目と2回目の引き算の方向が変わるため，子どもが混乱するのではという指摘もあり，習熟になると減加法の方に価値をおくことが多い。

エ　数え足しによる計算（補加法）

12－9のような計算で，9からいくつ足していくと12になるかを考える方法。外国に行くとお釣りをこの方法で確かめている国が多い。

向き合う計算によって考え方を変えること

筆者も上記の計算方法を説明する際に12－3を例にしたり，12－9を例にしたりして行っている。この数字だとそれぞれの計算の仕方を自然に思いつくからである。だが，技能として習熟していく段階になると，使い分けをしていると時間がかかるということで，一つに固定していくことが多い。

だが，苦手な子がわからなくなった時の確かめの方法としては子どもが使い分けをすることも許したい。

1年
10 大きな数

A 数と計算

（中田寿幸）

育成する資質・能力

○ものの個数や順番を，数を用いて表すことのよさに気づき，具体的なものの個数を正しく数えたり，表したりしたりしようとする。
○120程度までの数について，ものの個数を数えたり，表したりする活動を通して，数のしくみを考えることができる。

具体物を数える

まずはブロック等の具体物を数えさせたい。これにより，1個ずつ順番に数える，に，し，ろ，や，と2個ずつ数える，5個ずつ，10個ずつ数えるよさに気づかせていく。

子どもたちが数えて，数を報告してきたら，「本当に？　そんなにあるように見えないなあ」と言う。すると，先生に説明しようと，ブロックをわかりやすく並べようとする。

10個のブロックをどのように並べるとわかりやすくなるかを比べさせる活動も取り入れたい。「10のまとまりが先生にすぐにわかるようにしてね」と言うと，10のまとまりを作っていく。5+5，9+1，4+4+2等，並べ方を式に表していく活動も取り入れるとよい。

数えた方法は板書に記録し，数える機会を作ることで，いろいろな方法で数える経験をしながら，それぞれの数え方のよさを味わわせたい。

プリントにあるものを数える

教科書やプリントなどを使って，紙の上のものを数える活動をする。
・はじから数えていく
・印をつけながら数えていく
・10のまとまりができたら線で囲む

数の表し方を知る

例えば64なら，いろいろな表し方ができることを知らせる。
①数カードを使って表す
②位取り板を使って表す
③10が6個と1が4個で64（合成）
④64は，10が6個と1が4個（分解）

③と④は算数の独特な言い回しなので，ノートに書かせながら表現に慣れさせ，別の数でも同じように表現できるようにしていきたい。

時計の目盛りを使ってすごろく

時計の目盛りを拡大して，すごろくの要領で遊ぶ。10分ごとの目盛りにピッタリ止まったら，次の目盛りまで飛べるというルールを後から付け加えるのもよい。あといくつでピッタリになるかを目盛りを読みながら考えていくことができる。

70個に近い人が勝ちゲーム

ブロック等のつかみ取りゲームをする。数を指定して，ペアの2人で60を越える数のつかみ取りゲームをする。

数えた結果は黒板の数直線上に表すとどの

単元指導のポイント

10 のまとまりが 10 こで 100 になることを，どのように並べたらわかりやすくなるか，子どもに活動させると写真のようにつくっていった。子どもが 10 のまとまり 100 のまとまりをどのように見ているかがわかる。

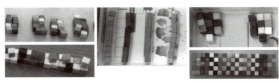

ペアが 70 個に近いのかがはっきりしてくる。10 ごとに目盛りがついた数直線上にどのように表したらよいのかを学習する機会となる。

99 ってどんな数？
100 ってどんな数？

ブロックを 99 個数える活動を行う。誰が見てもすぐ 99 個だとわかる並べ方を考える。

『99 ってどんな数？』

① 90 よりも 9 大きい数

② 10 が 9 個と 1 が 9 個を合わせた数

③ あと 1 つで 100 になる

『100 ってどんな数？』

① 99 より 1 大きい数

② 99 の次の数

③ 10 が 10 個

④ 50 と 50 を合わせた数

これらの表現を板書し，ノートに記録させながら，数直線や位取り板で確認していく。

位取り板で 100 の表記を教える

99 より 1 大きい数は十の位までに入らなくなる。1 つの単位が 10 個集まると新しい単位ができる。ここで新しい位の百の位が登場する。10 のタイルが 10 本で 100 になることを，数カードだと 1 と 0 と 0 を並べることで，100 を表せることを教える。

その後，120 までの数を具体物，プリントのものを数える活動，数直線，位取り板での表し方も 100 までのときと同様に行う。

数カードを並べる

1 から 120 までの数カードをバラバラに子どもたちに配る。30 人のクラスなら 1 人 4 枚となる。「黒板に順番にきれいに並べよう」と発問する。最初は 1 から順番に並べていくが，黒板の端にきて，2 列目ができてくるころには，入るべきカードを空けて，次のカードを置く子が出てくる。この工夫を褒めると，穴があきながら，表が作られていく。

黒板の横に入らない分，途中で折り返したいことを伝えると，10 ずつで折り返すと，1 の位だけをみればすぐに並べられることに気づく。こうして，120 までの数表ができあがる。次の時間には 0 のカードも含めておくと，0 の置き場所をどうするかを考えながら，一の位をそろえて並べるよさを確かめることができる。

大きな数　25

1年 11 Ⓑ図形 かたち

（田中博史）

育成する資質・能力

○身の回りにある立体や平面図形を用いて遊ぶ活動を通して，ものの形の特徴やそれぞれの形の機能について気がつくことができる。

立体から平面図形を取り出す活動

身の回りにある立体がどのような面でできているかを考えさせ，それらの形を写し取ったり，触ったりすることで基本的な平面図形を認めていく活動を行う。

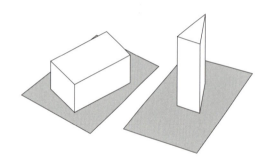

球面と平面の違い，かど，辺，面の違いなどを子どもたちが感覚的に語る言葉を大切にしておきたい。

よく見られる活動としては箱の中に入れた立体を見ないで子どもたちに触らせ，その感触からどのような形なのかを当てさせるという遊びがある。

一見楽しそうだが，実際に触ることができる子どもが限られるなど，どの子にも体験させていくには課題が残る授業もよく見かける。

各班がそれぞれたくさんのお菓子の箱などを持ってきて，子どもたちが目隠しをして同じ種類の箱に分類する活動をするなど行えば，一度にたくさんの子どもたちが活動できるようになる。アクティブ・ラーニングにしていくには，子どもの参加度を上げる意識も必要になる。

図形の機能面に着目させる遊び

これもよく見かけるが，積み木や立体などを高く積み上げていくことで平らな面があると，安定していることや，球や円柱など転がりやすいものがあることを実際に転がしてみるなどの遊びで体感させる活動を多く取り入れることがある。

確かにダイレクトに機能面に着目させているように見えるが，この程度のことは子どもたちは日常の生活で知っており，45分もかけて行うことかというとやや疑問が残る。

そこで「たま」と「つつ」の違いを子どもたちなりの言葉でその違いがわかるように説明させてみると，どのような言葉になるだろうか。

転がり方ひとつをとっても子どもなりの表現力の違いが表れる。国語の指導と兼ねて一年生から細かな違いを説明する活動をさせてみたい。

単元指導のポイント

抽象化と理想化

図形の特徴をとらえるためには，抽象化と理想化という二つの精神作用が必要だと言われている。

抽象化　属性を無視して同一視していくことができること。属性とは，例えば，それぞれの身の回りの立体の色，材質，大きさ，位置などである。これらのものを無視して同一視することができるようになることで缶詰と細長い円柱のお菓子の箱が仲間として見えるようになる。

理想化　たとえばお菓子の箱の小さな突起物や箱の面にある装飾などを無視して平らな面ととらえて見立てていく

私のクラスの一年生は，
たま：おもいっきりなげてもよくころがる形
つつ：気をつけてなげないところがらなくなる形
などと区別していた。面白い。

同じように塔を作るにしても使う材料の立体をシルエットにして見せて，どれを一番下に使うかなど意見を出させ，その後で使う立体を見せる。すると一方向から見ただけでは形が安定しているものかどうかはわからないものがあることなどが話題になる。子どもたちの意識に緊張を持たせていく活動を取り入れると学びの質も高まる。

単なる遊びとならないようここにも教師の意識が必要である。

図形の学習では，上記に示したように，抽象化と理想化が大切である。だが，こうして

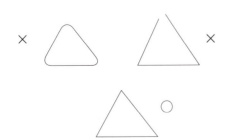

小さな違いを無視して概形で同じととらえる活動と同時に，次のような形を三角形とは見なさないという学習も低学年の時にあわせて行っている。

これが子どもたちが混乱することにつながっている。

なぜ立体の時はあのようにゆるやかなのに，平面図形になると，途端に厳しくなるのか。

「さんかく」を三角形と呼ぶようになる学習のところで子どもたちに立体の学習のところの理想化の話との切り替えが必要であることを指導者が意識しておくことである。

平面図形の遊びの中で体験させていくこと

低学年の時の色板遊びの中では，合同変換として，平行移動，回転移動，対称移動の3つを体験させている。

これらも子どもなりの言葉で移動に区別をつけさせてみるとよい。

平行移動は「すー」という移動だし，回転移動は「くるり」，対称移動は「ぱたん」と名付けられ，図形のすごろくなどを作って遊ぶなど工夫した先行実践もある。

1年
12 ⓒ測定 長さ

(大野桂)

> **育成する資質・能力**
> ○曖昧ながらも，生活の中で様々な量に触れたり，量の大小や多少を比べたりといった経験を通して得た「量と測定の感覚」を総動員しながら，「長さ」の学習を通して，「長さの意味」と，「長さを測定することの意味」を明確に理解できることができる。
> ○様々な状況に応じて「直接比較」「間接比較」「任意単位による比較」をすることができる。

「長さの意味」について

「長さ」といったときに前提となるのは，「何と比べて長い」ということである。つまり「比べる対象」があったときに，はじめて「長さ」が決定される。

例えば，曲がっている2本のリボンの長さ比べをしたとする。

ここでの，引き出したい子どもの姿は，「リボンを真っ直ぐに伸ばして比べる」という反応である。つまり，「リボンを伸ばした端から端までが，リボンの長さである」と，子どもに「どこが長さであるか」を見出させ，決定させるということである。

また，封筒にかくれた2本の鉛筆の長さ比べをしたとする。ここでの引き出したい姿は，「鉛筆を封筒からだし，端を揃えて並べる」という反応である。

これは，「長さは端を揃えて，その反対側の端で比べる」，つまり「直接比較」の方法である。

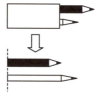

このように，「長さの意味」を理解させるには，実際に長さがどこであるかを見出させること，また「直接比較」の方法を見出させることが大切となる。

「測定の意味」について

長さを「直接比較」した場合には，長さを比較しただけであり，測定したわけではない。それでは「測定する」とはどういうことであろう。それは，簡単に言えば，「量を数値化する」ということである。これが「測定の意味」である。

例えば，「机の縦と横の長さのちがい」を求める方法を考えさせる場面。子どもたちは，「ちがい」と聞き，ひき算であることを見出し，量を数値化することの必要性に気付きはじめる。そうしたら実際に，鉛筆などの身近なものを，長さを表す単位として用いさせ測定させるのである。

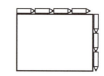

そして，「横は鉛筆4本分，縦は鉛筆3本分だから，4－3＝1で横の方が鉛筆1本分長い」などと，「任意単位」を用いた長さの「測定」をさせていくのである。そうすることで，子どもたちは，実感の伴う「測定の意味」の理解ができるようになる。

「割合」の学習の素地的指導を意識して

1年「長さ比べ」の学習は，「割合」の学習

単元指導のポイント

「長さ」の学習で経験させたいこと

- 変形に対する普遍性…長さが同じであれば，真っすぐでも曲がっていてもその長さは変わらない。
- 分割に対する普遍性…ある長さのものを切り，再び繋げても，元の長さと変わらない。
- 長さの順序性…………身の回りにある様々なものを，「長さ」という視点で並べ，くらべる。
- 長さを取り出す………身の回りにある様々なものを，「長さ」という視点で，紙テープなどで切り取り，くらべる。

の素地的学習となることを忘れてはならない。というのは，「**もとの大きさを1とすることで量を測定することが可能となる**」という普遍単位の成り立ちそのものが，割合の「**もとにする量を1とする**」という考えに直結するからである。そう考えると，1年「長さ比べ」の学習では，子どもたち自らが普遍単位の必要性を感じ，1を決定する学習とすることが重要となる。

・「もとの長さを1とする」ことを見出させること意識した授業の例

　例えば，右のような2本の小さく折りたたまれた紙テープを用意する。折りたたんだ状態で見せ，どちらのテープが長いかを問えば，当然，「同じ」という答えが返ってくるだろう。ここで，折りたたまれていることを伝え，紙テープを伸ばし，紙テープを動かせないように黒板にセロハンテープでしっかりと貼る。

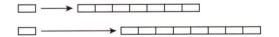

　そして，「どちらが長いか」を問う。直接比較はできない。端も揃っていないので，見た目も判断もできない。しかし，比較するヒントはある。そう，「折り目」である。

「**1，2，3，4，5，6…**」**と，折り目に着目して数え始め，「こっちが7で，こっちが8」**ということに気付く子どもが現れるだろう。

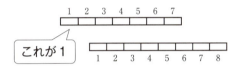

　このように，「もとの長さを1とする」ことを見出させ，長さを測定させるのである。

　ここでさらに，12個に折りたたまれている紙テープを提示する。

　そして教師が，「さっきのように数えると12個だから，この紙テープの方が長いよね」と揺さぶりをかけるとどうなるだろう。「ちがう！ 12個だけど，1個分が短い。だから，折った数で長さを比べられない」と子ども達からの反論がくるに違いない。

　しかし，実は，紙テープの折り目は，最初の折り目の半分の長さになっている。

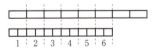

　つまり，はじめの紙テープに合わせれば6個分となる。これを見て子ども達は，「比べられる！ 2つで1個になるから6個分。だから短い‼」と1つ分を揃え，測定するに至るだろう。

　「長さ」の学習を割合の素地的指導と捉えれば，「**1つ分の大きさを揃える**」という活動も，重要な活動となるということが分かる。

長さ　29

1年
13 Ⓒ測定 とけい

(森本隆史)

育成する資質・能力

○学校生活や日常生活の中で，時刻を読むことができる。
○学校生活を含む日常生活の場面におけるいくつかの時刻とその読み方の関係から，どのように時刻を読むのかを考えたり，時刻を表す単位に着目して，短針や長針の役割について考えたりする。

子どもたちの経験

　子どもたちは，就学前から経験として時計を見たり，時刻を聞いたり，時刻について話したりしている。最近では，スマートフォンなどの電源を押して，デジタルで表された時刻を読む子どもが増えている。小学校に入学してからは，時刻を意識して行動するようになってくる。

量としての時間

　時間は目に見えない量である。そこで，時計の短針と長針の動きとして目に見える量に置き換えている。日常生活の中の場面によって，また，人によって時間の感覚はちがう。何かに夢中に取り組んでいるときには時間は短く感じられるが，退屈なときには長く感じられる。時間を目に見える量に置き換えているので，時の流れを示す時間やその区切りを示す時刻を感じることができるのである。

時刻について

　学校生活や日常生活では，時刻を読んで行動することが子どもたちにとって不可欠となる。短針と長針の位置を基にして，それぞれの針が示す数と時刻を表す数との対応を理解して，時計を観察することや模型時計を操作して時刻を読むことができるようにすることが大切である。

時計のめもりの読み方

(1)「何時」の読み方

　時計から時刻を読み取ることを教えるときには，短針から指導する。短針をどう見るかによって，「何時」の読み方を教えていく。短針が時計のどの数字のめもりを指しているかを見て，次に長針が確かに12の数字を指していることを指導する。

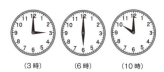

(3時)　　(6時)　　(10時)

(2)「何時半」の読み方

　「何時」の読み方ができるようになれば，次に「何時半」の読み方を教えていく。しかし，その前に時計の針は常に動いていること，短針も長針も右まわりに進むことをおさえておく。まず，短針で「何時」（模型時計）を読み取り，次に長針が6の数字を指していることを確認する。時刻は短針と長針の2本の針の位置で表されることや「時」は短針で読み取り，「分」は長針で読み取ることをこのときに指導する。

(4時半)　　(11時半)

| 単元指導のポイント |

時刻と日常生活を関連付けることを大切にする

時刻の読み方を知った子どもたちに，学校生活を含む日常生活の場面を絵でいくつか示し，その場面にあった時刻が表されている時計の図を出し，どの場面がどの時刻を表しているのかを考えさせて，時刻を読むといった活動を取り入れるのもよい。

(3) 5分区切り，10分区切りの読み方

1目盛りは1分であることは教えなければならない。目盛りを数えていけば時刻を読むことはできる。しかし，目盛りを一つ一つ数えるのは大変である。そこで「早く時刻を読んでみよう」と子どもたちに投げかける。子どもたちの中には数字のかかれた目盛りに着目して「5, 10, 15, 20, …」と5とびで数える子どもが出てくるだろう。さらに文字盤の2, 4, 6, 8, 10の数字が10分刻みになっていることに気付かせ，10分刻みの時刻を読む練習をしていく。その後，1分刻みに時刻を読むときには，まずは10分刻み，次に5分刻み，最後に1分刻みと読めば早く時刻が読めることを子どもたちに感じさせたい。

時刻と日常生活の関連付け

子どもたちの学校生活を含む日常生活の絵を5, 6枚用意する。例えば「朝起きた場面」「学校へついた場面」「給食を食べる場面」「家に帰った場面」「寝る場面」などである。それと別に時刻を表した時計の図を用意して，**どの絵がどの時刻を表しているのかを子どもたちに考えさせる。このようなことをくり返すことで，時刻への関心を高めていくことが大切である。**

時刻の読み方

どのように時刻を読むのかについて考えさせるときには，**子どもたちが時刻を表す単位に着目して，短針や長針の役割（「何時」「分」）について考えることができるとよい。**

また，右のように短針が曖昧な位置にあるときに，「あと少しで3時になる。3時になればおやつがもらえる」というように，時刻と日常生活を関連付けて捉えることが大切である。

第2学年とのつながり

時刻と時間については第2学年でも学習する。「午前」「午後」「正午」という言葉や1時間が60分であること，1日は24時間であることなどである。低学年の子どもたちにとって，時刻と時間の学習は難しいものである。第1学年でこれらの内容をきっちりと教えることはないが，子どもの実態によっては少しずつふれておくのもよい。長針が一回りするとき，何めもり進むのかを数えることを通して，1めもり進めば1分と読むこと，数字に対応するめもりを利用して，5分，10分，15分，20分と読むことから，1分区切りで何時何分と読むことができるようにする。

とけい　31

1年
14 Ⓒ測定 広さくらべ

(大野桂)

育成する資質・能力

○曖昧ながらも，生活の中で様々な量に触れたり，量の大小や多少を比べたりといった経験を通して得た「量と測定の感覚」を総動員しながら，「広さ」の学習を通して，「広さの意味」と，「広さを測定することの意味」を明確に理解できることができる。
○様々な状況に応じて「直接比較」「間接比較」「任意単位による比較」をすることができる。

「広さくらべ」について

　第1学年算数の「測定」領域に，「広さ比べ」がある。そのねらいは，面積の単位を用いて測定する前の段階において，面積という「量の意味」や，「測定することの意味」を理解する上での基礎となる経験をさせることにある。

「大きい」「広い」を対峙させることで「広い」の意味を明らかにする

　日常生活の中で，子どもたちは，「大きい」を量の総称とし捉えており，「大きい」と「広い」を区別して使ってはいない。ハンカチなどの面積は「大きい」，校庭の面積は「広い」と使う。つまり，面積に対して2つの表現を用いているということになる。そこで，あえてその2つの言葉を引き出し，対峙させることで，「広い」の意味を，子どもたちなりの言葉で明らかにしていくことが大切である。

「どちらのお庭が〇〇いでしょう」

T 〇〇には，どんな言葉が入ると思う？
C 大きい
C 広い
T 「大きい」と「広い」とは同じですか？
C 「大きい」の中に「広い」が入る。
C 庭とか公園とか運動場みたいのが大きいことを「広い」という。

直接比較の経験を豊富にすることで，「広さ」の感覚を身につける

　第1学年では，まずは「端を揃えて並べる」「ぴったり重ねる」「はみ出た部分を切って，また重ねる」といった直接比較の経験を豊富にさせることが，広さに対する感覚を身につけさせる上で重要である。

C イの上にアが乗っかるからイのお庭の方が広い
T 乗っかるってこういうこと？

C 違う。全部乗っかるように重ねる。

　また，直接比較を意識することで，今後その方法を用いることが困難である状況に追い込まれたときに，間接比較や任意単位による比較の発想を生み出すことにもつながるので，次に示すような経験をさせたい。

T もう1つ「お庭の広さ比べ」をします。

単元指導のポイント

「比較」の豊かな経験

直接比較

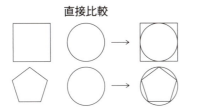

任意単位による比較

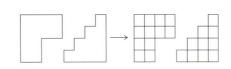

（拡げれば広さは異なるが，それを同じ広さになるように小さく折りたたんだ2枚の紙を提示）

T　どちらお庭が広い？
C　ぴったり重なるから「同じ」。
T　確かに，折り畳んだままでは「同じ」ですが……。（折りたたんだ紙を広げて提示）

T　紙を拡げました。どちらが広い？
C　重ねてみると両方のお庭がはみ出る。
C　はみ出た部分の広さを比べれば…。

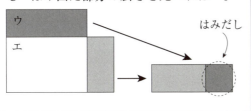

「広さを測定することの意味」について

同じ大きさに折り畳んでおいたのは，**折り畳まれた四角形を任意単位として意識させる**ためである。

切って重ねた際に，折りたたんだ際の四角が1つ分はみ出していることが，それを任意単位として意識させることに繋がる。そこから，**「〜がいくつ分の広さ」という任意単位による広さの比較**の方法を引き出していくことができるだろう。

C　四角が1つ分広い。
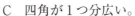
←折りたたんだ真四角1つ分

C　折りたたんだのをマスでみると，ウは9マスで，エは8マスある。

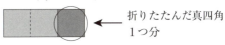

C　ウは9マス，エは8マスだから，ウの方が1マス広い。

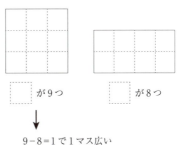

このように，任意単位を見出させ，**数値で広さ比べをする経験**を通して，広さを「測定する」ことの意味を理解させたい。

― 2年 ―
01

Ａ数と計算

（夏坂哲志）

1000 までの数

育成する資質・能力

○４位数までの整数について，十進位取り記数法による数の表し方について理解する。また，数の大小
　を比べることができる。
○数を十や百を単位としてみるなど，数の相対的な大きさについて理解する。
○10 のまとまりをつくって数を表したり，大きさを比べたりする方法を考える。

1000 までの数

　第１学年では，120 程度までの３位数について学習する中で，10 のまとまりをつくって数える活動なども行ってきている。

　第２学年では，数の範囲を４位数までに広げ，10 が 10 個集まって 100 になったのと同様に，100 が 10 個集まってもう一つ上の位の 1000 になることを，十進数の基本構造として理解させる。また，十進位取り記数法は，位置によってその単位の大きさを表す数が示されるということから成り立っていて，位ごとに異なる記号を用いるのではないところにその特徴があることを，数の読み方との比較によって理解させるようにしたい。

ものの個数を数える活動

　具体物の数を実際に数える活動を経験させたい。これは，10 ずつまとめるという十進数の構造を理解する上でも，数の大きさに対する感覚を得るためにも重視すべき活動である。

　例えば，ひまわりの種の絵がたくさんかかれたプリントを示し，「この絵の中にひまわりの種は何個あるでしょうか」と問いかける。子どもたちは，その個数を予想するのだが，数の大きさに対する感覚がまだあまり育っていないので，実際の数とはかけ離れた数を予想する。

　そこで，実際に数えて確かめることにする。

　この時に，最初から教師が「10 のまとまりごと，線で囲んで数えましょう」というように指示をすることはしないようにしたい。これだけ大きな数を 1，2，3……と数えていったのでは大変であるとか，数えた結果が他の子と違っていてはっきりとしないという不都合が生じたときに，正確に能率的に数えるための方法を考え始めるからである。

　そして，全体の個数をとらえるには，「10 のかたまりが 10 個で 100。その 100 のかたまりが２つで 200。他に 10 のかたまりが３つで 30。残りのばらが５。合わせて 235」というようにすればよいことを理解させる。

　ブロックのように動かせるものを使うと，かたまりをつくる様子を，動きや形でとらえさせることもできる。

数を表す活動・数感覚を豊かにする活動

　工作用紙のように方眼のマス目の数も数えさせてみたい。そうすると，10 cm 四方の正方形の中に，１辺１cm の正方形が 100 個あることがわかる（工作用紙であれば，5 cm ごとに太線が入っているので，5 cm×5 cm の正方形の中に 25 マスあることから，「100 は 25 の４つ分」というようなとらえ方もできる）。

34　２年生の内容の基礎・基本

| 単元指導のポイント |

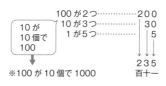 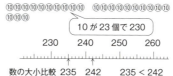

　このことを使えば，例えば20 cm×30 cmの工作用紙の中に，10 cm×10 cmの正方形が6個あることから，1辺1 cmの正方形は600個並んでいることを説明できる。

　さらに，この工作用紙を次のように切り分けたカードを使ったゲームをしながら，数を表す活動を行うこともできる。

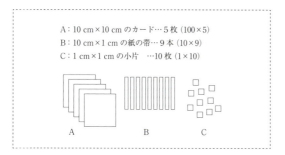

　子ども一人ひとりに，これらのカードを1セット（合計600ポイント）ずつ持たせる。そして，教室内を歩き回りながら友達とジャンケンをする。パーで勝ったら相手からA（100ポイント）を1枚，チョキで勝ったらB（10ポイント）を1本，グーで勝ったらC（1ポイント）を1枚もらえるというルールにする。何回かジャンケンをした後，自分の持っているポイントや友達の持っているポイントを表す活動を行うのである。

　この活動を通して，A10枚で1000になることを確認することができる。また，A10枚を1マスずつ色塗りをさせてみると，1000という数の大きさを体感できるだろう。

数の大小を比べる活動

　数字カードを3枚並べて3桁の数をつくり，その大小を比べるゲームを行う。やり方は，次のとおりである。

①0〜9の数字カードを1枚ずつ用意し，よく切っておく。

②2人の子が交互に1枚ずつ引きながら，それぞれ3枚のカードで3桁の数をつくる（枠を3つずつかき，百の位，十の位，一の位の場所を決めておくとよい）。

③できた3桁の数を比べて，大きい方が勝ちとなる。

　最初は，カードを引いたら百の位から順に並べていくことにする。すると，2人が最初の1枚ずつを引いた時点で「もう勝敗がわかる」と言い出す。この言葉を受けて，「どうして2枚目を引く前に勝敗がわかるの？」と問い返す。そうすることによって，「上の位の数を見れば，数の大小を比較することができる」ということを確認することができる。

　その後，「一の位から順に」「どの位から置いてもよい」のように置く順序のルールを変えるとか，数字カードの種類や枚数を増やすというように，より面白くなるアイディアを子どもから引き出しながら，ゲームを繰り返すとよい。楽しみながら，習熟を図ることができる。

1000までの数　35

02 たし算の筆算

2年　A 数と計算　（夏坂哲志）

育成する資質・能力

○（2位数）+（2位数）の計算は，同じ位同士の和を合わせればよいことを理解する。また，それらの筆算を正しくすることができる。（簡単な場合について，3位数まで扱う。）
○（2位数）+（2位数）の計算の仕方を考えることができる。

たし算の筆算形式

　筆算形式を教える前に，2位数の加法及びその逆の減法の計算の指導をする。その際，1年生で学習した内容を基にして，計算の仕方を考え出せるように留意する。

　加法の計算では，同じ位同士をたしたものを合わせればよい。このことから，位を縦にそろえた筆算形式に結び付けていくようにする。

　筆算の形式を知らなければ，上に示したように十の位から順にたしていくのが自然である。多くの子どもは，はじめはこの順序でたし，それで困ることはない。

　繰り上がりがある場合も，途中の計算（部分和）を書くようにすれば，十の位からたしても一の位からたしても問題は無い。

　これを，部分和を書かずに筆算で答えを求めようとするときに，十の位からたしていくと後から修正をしなければならなくなるために，「一の位からたす方がよい」ということ

になる（2つの数をたす場合においては，繰り上がる数は1だけなので，右の位から繰り上がるかどうかに気をつければ，左の位から順に計算していくこともできる）。

　筆算の形式は教えるものであり，一般には一の位から計算する。しかし，子どもが素直に考えたときにどのような発想をするだろうかということを常に念頭に置きながら授業を展開したいものである。

　子どもたちは，本学年で初めて筆算と出合う。ノートのマスを利用してきちんと位を縦に揃えて書くとか，定規を使って横棒を引くといったノートの使い方についても，子どもに考えさせ，見やすく整理されたノートづくりを意識させたい。

〔参考〕繰り上がりの1を書く位置は，下に示すようにいろいろ考えられる。

（例）
```
  1
  3 8        3 8        3 8
+ 2 7      + 2₁7      + 2 7
─────      ─────      ─────
    5          5        ¹ 5
```

　なお，本学年では，簡単な場合について，3位数などの加法及び減法の計算についても指導する。

　簡単な場合とは，次のようなものである。
①百を単位としてみられる計算

| 単元指導のポイント |

たし算の筆算

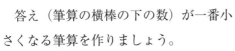

※10のかたまりができて、上の位に移すことを「繰り上げる」という。

（例）800＋700，300＋400

② （3位数）＋（2位数）で百の位への繰り上がりがない計算

（例）628＋7，234＋57，700＋30

なお，この内容は，「1000までの数」の指導後に扱うことになる。

楽しみながら習熟を図る

たし算の筆算の仕方が理解できた子どもたちに，次の問題を考えさせてみる。

> 1から9までの数字カードが1枚ずつあります。その中から6枚を選び，右の□の中に入れて筆算を作ります。
>
> 答え（筆算の横棒の下の数）が一番小さくなる筆算を作りましょう。

条件に当てはまる筆算をつくる過程で，たくさんの計算をさせることができる。また，「答えが最小」と言える理由を考える場面で，筋道立てて考えたり説明したりする力を育てることができる問題である。

授業では，次のように展開する。

はじめに，黒板に筆算の枠を書き，その周りに1から9までの数字カードを貼る。そして，「カードを□の中に入れて，筆算を作りましょう」と投げかける。

最初に指名された子が，黒板のところに出てきて，数字カードをあれこれ入れ替えながら考え，「27＋34＝61」を完成させたとする。「正しい筆算ができましたね」と褒める。

次に，別の子を指名する。その子は「37＋19＝56」を完成させたとしよう。このことをとらえて，「答えが小さくなったね」と言う。すると，「もっと答えを小さくできる」と言う子が出てくる。

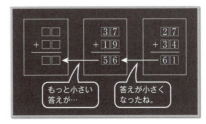

このようにして，「他の子よりも小さい答えになる筆算」，つまり，「答えが最小になる場合」を見つけたいという気持ちを子どもから引き出しながら授業を展開していくようにするとよい。その方が，「答えが一番小さくなる」という意味も伝わりやすい。

右の筆算が，答えが最小になるものである。もっと答えの小さい筆算がありそうに思えるが，十の位から順に小さい数を入れて
いくと，これ以上に小さくすることはできない。「答えが最大の場合」や「小さい方から2番目」を考えてみても面白い。

― 2年 ―

03 Ⓐ数と計算

(中田寿幸)

ひき算の筆算

育成する資質・能力

○ 2 位数の減法の計算が，1 位数の基本的な計算を基にしてできることを理解する。
○ 2 位数の減法の筆算の仕方について理解し，計算ができる。

筆算のアルゴリズムだけを覚えて，繰り返し練習しているだけでは主体的な子どもは育たない。「既習のたし算の筆算のときと同様に考えて」とか，「ミスをしないために」とか，「筆算をしなくてすむ方法を考える」とか，数に自ら働きかける子どもを育てたい。そのためのポイントとして，次の 3 つをあげる。

①たし算の筆算と同様に考える。
②繰り下がりの仕組みを表現する。
③ひき算はたし算の逆算と考える。

たし算の筆算と同様に考える

たし算の筆算の学習の後なので，ひき算の筆算の書き方はたし算の筆算から推測して作り出すことができる。位をそろえて計算し，下の位から計算していくことは繰り下がりがないときから考えられる。

繰り下がりの仕組みを表現する

（1）下から上をひいてしまう間違え

たし算の筆算との違いは，ひかれる数とひく数を交換できないことである。

繰り下がりのある場合，右のような間違えをしがちである。

```
  76
- 29
────
  53
```

一の位で 6 から 9 がひけないから，下から上をひいて，9-6＝3 としてしまう間違えである。

この間違えも，次のように考えると答えを出すことができる。9 のうち，ひくことのできる 6 だけひいといて，残りの 3 を十の位から 10 借りてきてひくという方法である。しかし，計算の形式だけで，意味もわからずに使っていると，「下から上がひける」と考えてしまう。使う場合は意味を十分に理解してから使えるよう，扱いには十分に気を付けたい。

（2）繰り下がりの補助数字をどう書くか

筆算は最終的には補助数字無しで計算できるようにしたい。

しかし，頭の中だけで計算しようとすると間違いが起きる。間違えたときに，どうして間違えてしまったのか，その理由を考え，間違えない方法を視覚化していきながら，補助数字の書き方を考えていく。

左は十の位から借りてきた 10 から 9 を引き，補数の 1 を 9 のすぐ横に書いている。1

```
 6 10        6
 7̸6          7̸16
-29 1       -29
```

位数の計算だけでしようとすると，このような表現になる。逆に煩雑になってしまうという欠点もある。教科書では十の位から借りてきた 10 を引かれる数の 6 に加えて 16－9 と表現しているところが多い。これは，1 年で

単元指導のポイント

計算を考えるときに具体物を使うが，具体物も量が見えるものから，位の位置で表す量が違っていることを理解できるものにステップアップさせていく。

百の位　十の位　一の位　　　　百の位　十の位　一の位　　　　　　百の位　十の位　一の位

1　3　4

十幾つ引く1位数は既習の計算だからである。しかし，1位数同士の計算だけでできること自体が筆算のよさでもあるのだから，このように認めていきたい。

なお，補助数字はこう書かねばならないではなく，「考えていることを表すと，こういうことだね」と表現しているものである。友だちの表現の仕方を理解することで，自分の考えと比較して考えることができる。

(3) 繰り下がりミスは答えの見通しをもつことで防げる

たし算の筆算も同様であるが，繰り下がりのないような計算の場合は，筆算を書かずに暗算で答えを求めていこうとする姿勢をもたせたい。そのためにも繰り下がりがあるのか，何回あるのかをあらかじめ見てから，「これは繰り上がりが2回あってミスをしそうだから筆算で計算しよう」というように判断をさせていくとよい。

さらには，103-5のような計算の場合，筆算で計算しようとすると繰り下がりが2回あり，煩雑になる。しかし，ひかれる数と引く数からともに3をとれば(103-3)-(5-3)となり，繰り下がりのない計算で考えることができるという見方もさせていきたい。

(4) ミスの多い計算の理由を考える

「0（空位）のある計算」「繰り上がりが2回ある計算」はミスが多い計算である。「**こんな計算ミスをした。どうしてだろう」とミスの仕方をみんなで考える時間をとる。「計算ミスをしないようにするにはどこに気をつけたらよいか」と目的を持って説明する活動を位置づけることで，教師がミスを指摘するだけなく，子どもが「ミスをしない方法」を考え，共有していくことができる。**

「下から上をひいたミス」

「繰り下がりを忘れたミス」

「2回の繰り下がりのうち1回を忘れたミス」

数字が丁寧でなくて読み間違えたり，位がずれていたり，問題を写すミスだったりとケアレスミスも多い。自分のミス，友だちのミスから学んでいく姿勢を育てていける。

ひき算はたし算の逆算と考える

ミスを自分で見つける力もつけたい。そのためにはひき算の筆算で答えが出たら，すぐにたし算で確かめることをさせたい。暗算でたし算の答えを出す力を高めるチャンスでもある。

ひき算がたし算の逆算になっていることは　虫食い算をするときにも使う。

```
  7□
-□9
 43
```

また，ひき算がたし算の逆算になっていることは，後から学習する逆思考の考え方にもなっていく。

ひき算の筆算　39

04 たし算とひき算

2年　Ⓐ数と計算　（田中博史）

育成する資質・能力

○加法，及び減法についての理解を深め，それらを用いる能力を伸ばす。また加法減法の相互関係を理解し，式を用いて説明できるようになる。

文章に表された場面を図に表す

加法や減法の問題場面は，それぞれの単元の中で扱われているときには，文章をきちんと読み取らなくても実は立式できてしまうという欠点が単元学習では起きてしまう。

そこで，この「たし算とひき算」というような単元をつくって，いろいろな場面を混ぜて提示したときに，子どもたちがどのように区別して演算を適用していくかを見ていくことにする。

具体的には，文章で表現されたものをそのまま絵で表してみたりする活動を通して，子どもたちが場面をよく読み取っているかどうかをまず確かめてみる。

その際，最初は具体物をイメージできる絵にするのだが，数が多くなったり詳しく絵にしていくことが大変だと感じた頃から，まとめて表現してもよいことを教えて，次第にテープ図のような形式に慣れさせていく。

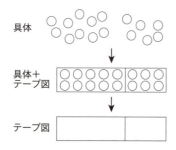

テープ図を用いて加法と減法の相互関係について理解を深める

例えば，下のようなテープで問題づくりをさせてみる。

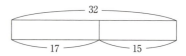

同じテープ図で3通りの文章題ができることに気が付く。

提示されている3つの数がそれぞれわからない場合である。

32が□になる図

男の子が17人，女の子が15人います。子どもはあわせて何人いますか。

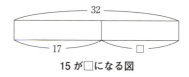

15が□になる図

子どもが32人います。男の子は17人です。女の子は何人でしょう。

17が□になる図

子どもが32人います。女の子は15人です。男の子は何人でしょう。

| 単元指導のポイント |

テープ図からの作問で文章題の種類がわかる

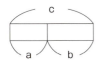
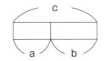
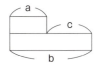

加法（増加）の表現場面で3通り，合併表現を区別するとさらに3通りできる。しかし，子どもには違いがわからないことが多い。
（□を問う）
aにbを足してc　…式は加法
aに$\boxed{b}$を足してc　｝四角を求める
$\boxed{a}$にbを足してc　｝式に減法を使う

減法（求残）の表現場面で3通り。
（□を問う）
cからbをとって$\boxed{a}$　｝式は減法
cから$\boxed{b}$をとってa
$\boxed{c}$からbをとってa　…式は加法

求差の表現場面で3通り。
（□を問う）
aとbの差が$\boxed{c}$
aより$\boxed{c}$多く（少なく）てb
$\boxed{a}$よりc多く（少なく）てb
＊多い，少ないと表現を変えるとさらに増える。

上記の9通りがあると捉えておくと指導に役立つ

こうしたテープ図から問題作りをおこなうような活動を通して，加法と減法の相互関係を理解させていくようにする。

図から式をたてる

こうして文章で表されたものをイメージ化して絵や図に表すことができたら，その図を用いてわからないところを求める式をたてる。

前述した場面では，わからないところを求める式と場面の文章にずれがないため，子どもたちも抵抗なく理解していけると思うが，次のような問題文では，文のイメージと立式が逆になることがある。

> 子どもが何人か遊んでいます。あとから15人やってきたので全部で32人になりました。
> はじめ子どもは何人いたのでしょう。

問題文は，加法の表現になっている。しかし，わからないところを求めるには引き算を用いなければならない。

このような問題を逆思考の問題とよんでいる。子どもたちが苦手とするところである。

そこでこのような場面では，文章を読んだらまず図に表す。

先ほどのテープ図を用いると下のようになる。この時，数値がわからないときは□を用いることを教えていく。

はじめに遊んでいた人数　□人

次にやってきた子どもの人数　15人

あわせると32人
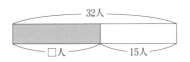

こうして時系列を示しながら，できた図から式を考えていくと子どもたちも混乱しないで立式ができるようになる。

── 2年 ──

05
A 数と計算
分数

（森本隆史）

育成する資質・能力

○ $\frac{1}{2}$，$\frac{1}{3}$ などの簡単な分数の大きさや意味について理解することができる。

○ $\frac{1}{2}$，$\frac{1}{3}$ などの大きさをつくることを通して，分数の意味を実感する。

分数の意味

分数の意味は，その観点によってとらえ方が様々である。

① $\frac{1}{2}$，$\frac{1}{3}$，$\frac{1}{4}$ のように分子が1である分数を単位分数という。

② 単位分数が $\frac{1}{3}$ が2つ分で $\frac{2}{3}$ となる。

③ 具体物を2等分したものの1つ分の大きさを $\frac{1}{2}$ と表す。ものを等分割する操作と関連してできた分数なので，分割分数または操作分数という。

④ $\frac{2}{3}$ L，$\frac{2}{3}$ m のように，測定したときに単位量に満たない端数部分の量の大きさを表す。量分数という。

⑤ A は B の $\frac{2}{3}$ というように，B を1としたときの A の大きさの割合を表す。割合分数という。

⑥ 整数の除法 $2 \div 3 = \frac{2}{3}$ というように，商を分数で表す。商分数という。

第2学年で扱う分数

（1）分割分数，操作分数

第2学年では「簡単な分数」を扱うことになっている。ここでいう簡単な分数とは，$\frac{1}{2}$，$\frac{1}{4}$ のように，具体物を操作することによって得られる大きさを表した分母が1桁程度の単位分数のことである。上記③にあたる。折

り紙などの具体物を半分にすると，元の大きさの $\frac{1}{2}$ の大きさができる。

（2）乗法及び除法の見方の素地となる分数

おはじきなどの具体物を用いて，元の大きさとその $\frac{1}{2}$ の大きさや $\frac{1}{3}$ の大きさを比べて，「……の半分の大きさ（$\frac{1}{2}$）」「……を3つに分けた1つ分の大きさ（$\frac{1}{3}$）」という表現ができるようにする。

半分の形を数で表す

数を用いればものの個数などを表すことができる。同じように，数を使ってものを半分にした大きさを表すことができないだろうか。このようなことを子どもたちが考えるように仕組んだ上で，$\frac{1}{2}$ について教えていきたい。

正方形の折り紙を1枚見せて，「これを数で表すと？」と尋ねる。当然子どもたちは「1」と答えるだろう。折り紙を2枚見せれば「2」と答える。その次に折り紙を半分に折って，半分だけ色をぬる。「この部分を数で表すと？」と言えば，「半分は数でどうやって表すのだろう」という問いが生まれるであろう。このような問いが生まれたところで，$\frac{1}{2}$ については教師が子どもに教えていく。$\frac{1}{2}$ は「二分の一」と読むことや分数を書く時の順番などを丁寧に教えていく。

単元指導のポイント

乗法及び除法の見方の素地となる分数

　　　　　　　12個の$\frac{1}{2}$は6個　12個の$\frac{1}{3}$は4個　12個の$\frac{1}{4}$は3個

①はじめに括線（分母と分子の間にある線）を書きます。
②次に分母を書きます。
③最後に分子を書きます。

$\frac{1}{2}$,$\frac{1}{4}$,$\frac{1}{8}$などの分数

　$\frac{1}{2}$に折った折り紙をさらに半分に折ると元の大きさの$\frac{1}{4}$ができる。$\frac{1}{4}$に折った折り紙をさらに半分に折ると元の大きさの$\frac{1}{8}$ができる。分数について子どもたちが理解できれば，折り紙だけでなく，長方形の紙や紙テープなどを使って，$\frac{1}{2}$,$\frac{1}{4}$,$\frac{1}{8}$を作ってみるとよい。

折り紙でいろいろな$\frac{1}{2}$を作る

　折り紙を半分に折れば，元の大きさの$\frac{1}{2}$を作ることができる。単純に折るとすれば，上に示した2つの方法が思い浮かぶ。しかし，他にも折り紙を折ることで$\frac{1}{2}$を作ることはできる。

　左の図のように，同じ折り紙で$\frac{1}{2}$を何度か作ると，いつも真ん中の点（対角線の交点）を通っていることに子どもたちは気付くだろう。$\frac{1}{2}$を作るためには，この点を通る直線をひけばよいことを見いだしていくだろう。

元の大きさを意識できるように

　おまんじゅうが12個あるとする。このとき，12個の$\frac{1}{2}$は6個，12個の$\frac{1}{3}$は4個である。このように分数について理解ができた子どもたちに「$\frac{1}{2}$と$\frac{1}{3}$はどちらが多い？」と問うてみたい。そのときに子どもたちは「$\frac{1}{2}$の方が多い」と言いそうである。もしも，そう言えば「24個の$\frac{1}{3}$」のおまんじゅうを見せるとよい。子どもたちは「ずるい」というだろうが，**元の大きさが変われば分数が表している数も変わる**ということを意識させておきたい。

 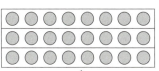

12個の$\frac{1}{2}$は6個　　　24個の$\frac{1}{3}$は8個

分数　43

2年 06 Ⓐ数と計算 かけ算

（夏坂哲志）

育成する資質・能力

○かけ算の意味について理解し，式に表したり，読み取ったりすることができる。
○かけ算九九を知り，（1位数）×（1位数）のかけ算が確実にできる。
○かけ算に関する簡単な性質を理解する。また，その性質を活用することができる。

質の異なる2つの数

　かけ算は，1つ分の大きさが決まっているときに，そのいくつ分かに当たる大きさを求める場合に用いられる演算である。

　（1つ分の数）×（いくつ分）＝（全部の数）

　かけ算には，たし算やひき算とは大きく異なる点がある。それは，演算記号（×）の前の数（被乗数／かけられる数）と後ろの数（乗数／かける数）の質が違うという点である。

　例えば，「赤い花が3本，白い花が4本あります。全部で何本でしょうか」という問題では「3＋4＝7」と立式するが，この3と4は同じ「花」の本数を表している。

　ところが，「4人の子が，それぞれ3本ずつ花を持っています。花は全部で何本でしょうか」のようなかけ算の問題場面では，「3×4＝12」という式に表して答えを求めるのだが，この3，12と4は，違う意味を表すものである。すなわち，3と12は花の本数だが，4は「（3のまとまりが）4つ分」という働きを表す数である。そして，「3×4」は「3＋3＋3＋3」のように，3を4回たせば答えが求められるということを表しているのである。

　このような点において，子どもにとってかけ算は，これまでとは異なる新しい式表現であると言える。

かけ算の式で表せる場面

　身の回りには，かけ算を使って表せるものがたくさんある。教室の中を見回しても，天井の蛍光灯の数，机の数，掲示物の数等々，**たくさん見つける**ことができるだろう。デジカメなどを使って**集めさせて**も面白い。

　もちろん，かけられる数やかける数は，10以上の数になってもよい。同じ数のまとまりをとらえ，そのまとまりがいくつあるかを数えたら，それが「1つ分の数×いくつ分」の式で表せることを理解させるようにする。

　このような活動をたくさん取り入れて，かけ算に親しみを持たせると同時に，**生活の場で活用できるように**していきたいものである。

図と式表現の対応

　左の図のように並んだ○の個数を数えるとき，**かけ算を使う**ことができる。個数を求めるための式に，その子がこの図をどのように見ているのかが表れる。式と図を対応させながら，とらえさせるようにしたい。

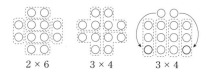

2×6　　3×4　　3×4

単元指導のポイント

○かけ算の意味　（1つ分の大きさ）×（いくつ分）
　　　　　　　＝（いくつ分かに当たる大きさ）

⇒　3×4＝12

かけ算九九の構成

　かけ算九九の指導でまず重視すべきことは，子どもがかけ算の意味を理解した上で，自分たちの手で九九を構成していくということである。具体的な場面で九九をつくる活動を通して，「乗数が1増えると被乗数の大きさだけ増える」という仕組みに気づかせていく。これは，どの段にも共通した仕組みであり，九九を忘れた時でも，子ども自身が九九を再構成する手がかりになるものである。

　他にも，子どもたちは各段の答えの数の並びを見て，様々なことに気付く。
（例）
・2の段の一の位は，2，4，6，8，0…
・5の段の一の位は，5，0，5，0…
・2の段と8の段の一の位の数は逆に並ぶ。
・9の段の一の位と十の位の和は9。　など

　また，いくつかの段を並べてみた時に，「2の段と3の段の答えの和は5の段の答えになる」というようなきまりにも気づく。これは，分配法則につながる見方を育てるものである。

　かけ算の意味を確かめたり，きまりに着目させたりしながら，いろいろな場面で活用できるように身につけさせていくことが大切である。

かけ算九九表

　九九表をつくったり観察したりすることを通して，九九の理解をより深め，統一的にとらえさせるとともに，次のようなかけ算の性質を見出させたい。

①かける数が1増えると，答えはかけられる数だけ増える。
②かけられる数とかける数を交換しても答えが同じになる。
③積が同じになる九九の式が数種類（1～4種類）ある。
④「2の段＋3の段＝5の段」のようなきまりが成り立つ。

　これらのきまりは，九九を構成する学習においても子どもたちが気づいてきていることではあるが，九九表に整理することによって，九九全体の性質として確認させることに意味がある。

　さらに，1から81までの整数を並べた数表を用意し，かけ算九九の答えの数に印をつけてみると面白い。各段の答えの並びのリズムや，九九の答えに出てくる数が全部で36個しかないことに気づかせることができる。

かけ算九九の習熟

　かけ算九九は，その唱え方を記憶することによって，結果を容易に求めることができる。

　各段を上から唱えるだけではなく，下から唱えさせたり，ランダムに唱えさせたりしながら，楽しく定着させたい。

　下のようなカードに整理させてもよい。

※裏面には，各段のきまりや問題などをかく。

かけ算　45

07 1000より大きい数

2年　Ⓐ数と計算　（田中博史）

育成する資質・能力

○4位数までの数の意味や表し方について理解し，それらを用いる能力を伸ばすこと。

活動を通して数への感覚を育てること

2年生の学習では，4位数までの数についての理解を深めることが目標である。

では，数の理解が深まるとはどういうことだろうか。

まずは単純に数の数え方がわかるということである。そしてその数の表し方を知る。

さらに大小を比較したり並べたりする活動を通して数系列についても理解していく。

表し方を学ぶ際には，数の構成についても理解していくことになる。

これらの活動は一年生の時から何度も繰り返していることである。

学んだ数がどのようなところで用いられているか，数える対象が増えた時にどのようにしていけばいいのか，具体的な活動を通してそれまでのルールの適用を少しずつ広げながら子どもたちの理解は深まっていくものである。

この時期の学びは数への豊かな感覚を育てることも視野に入れておきたい。

まず数の大きさに対する感覚である。
10000という数を実感させるには，どのようなものを数えさせたらいいだろう。
数える対象を身の回りから探してみよう。

具体的な「数える」活動の中で感覚が表出する場面を見つけ，意識化させること

私は，中庭に散らばる落ち葉をみんなで数えることを提案してみた。

写真のような光景を見て，一人が何枚拾ったらなくなるだろうねと子どもたちに告げた。

子どもたちは「一人50枚」とか「一人100枚」のように言う。でも，ある子が「一人100枚も拾ったら足りないんじゃないの」と言い出すと，子どもの意見が分かれた。

そこで，では本当になくなるか，みんなで拾ってみようと持ちかけた。

単元指導のポイント

数への感覚を育てること

○数の大きさに対する感覚　　○数の構成に対する感覚　　○計算の性質に対する感覚
○数の意味に対する感覚　　　○数の美しさに対する感覚

十進位取り記数法のよさを味わうこと

十進数と位取りの原理を学ぶ。位取りの原理とは，単位の大きさを単位を書く位置によって表す方法

私のクラスは32人。一人100枚だと3200枚になる。これをゆっくりみんなで数える。一人が入れるごとにみんなで100，200……と数えて行く。10人で1000になると，彼らはクラスが32人だから3200だと言いだす。数の相対的な見方もこうして活動の中で意識させると実感の伴うものになる。

集めた落ち葉は45Lのゴミ袋に2袋近くになった。3200枚もとったのに，中庭の落ち葉の光景はほとんど変わらない。子どもたちはびっくり。「ねー，先生，この落ち葉って何枚あるんだろうね。きっとすごい枚数だよね」「えー，ねえ，先生もう一度やってみよう」ということになり，またまた挑戦。

3回やると，約10000枚である。ビニル袋は5袋分になった。少し中庭の光景も変化してきた。

子どもたちは，こうして一万枚という量のすごさを実感する。子どもの活動を観察していると，それぞれがいろいろな工夫をしていた。数えているうちに，持ち切れなくなった子は10枚ずつで小石をのせて保管したり，友達と50ずつにして分担したりしているのである。

数の構成に対する感覚もこうした活動の中で意識させていくといい。

本校がかつて「数感覚」を整理した時に，杉山吉茂先生（当時　東京学芸大学）から5つの視点を示唆していただいた。それが上記のポイントの5つである。

1年生までの数の扱いでも同様に十進位取り記数法は扱っているが，位が3位数，4位数と増えていったときに初めてその仕組みはよく見えてくる。もちろん，これは三年，四年と扱う整数の範囲が広がる度に繰り返し意識させていくことが大切である。

こうしたスパイラルな体験の中で数を数える場合に10ずつ束ねたり，100ずつ束ねたりして表すことや，それらを記録する時に0から9の数字だけで位置を変えることで大きさを表現するアイデアのよさも気づかせていくのである。こうした学びは一度でわかるものではない。

1000より大きい数

08 三角形と四角形

― 2年 ―
B図形　（夏坂哲志）

育成する資質・能力

○三角形，四角形について知る。また，直角のある図形として，正方形，長方形，直角三角形。
○辺の数に着目して三角形，四角形を弁別できる。辺の長さや直角に着目して正方形，長方形，直角三角形の意味や性質をとらえることができる。

「さんかく」から「三角形」へ

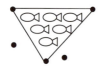

「直線」についての学習が終えた後，左のような図を示して，「点と点を直線でつないで魚を囲みましょう」というような問題を提示する。この時に，次のような囲み方がなされる。

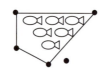

これを取り上げて，「3本の直線で囲まれた形を三角形といいます」「4本の直線で囲まれた形を四角形といいます」と定義づける。

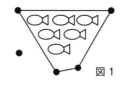

すると，図1のような囲み方をした子が，「じゃあ，これも四角形と言っていいのかな？」と言う。この囲み方も四角形の定義に合っていることに気づいたことを示すもので，大いに褒めたい。

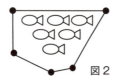

また，別の子は「ぼくは，全部の点をこのようにつないだんだけれど，何と言うのかな」と言って，図2のような囲み方を示す。

三角形と四角形の定義を聞いた後で，「だったら，もし5本の直線で囲まれていたら何と言えばよいのだろうか」「五角形と言っていいのかな」ということを考えている発言である。これも大事にしたい反応である。

このように，子どもが自ら見方を広げていくことができるような場面を大切にしながら学習を進めていきたい。

子どもたちは，生活の中で「さんかく」や「しかく」といった言葉を使っている。「さんかくのおにぎり」とか「さんかくぼうし」などである。けれども，おにぎりの形は角が丸くなっているので三角形ではない。さんかくぼうしは円錐形である。

また，三角形というと正三角形や直角二等辺三角形のような形しかイメージできない子がいる。同様に，正方形や長方形しか四角形と認めない子も多い。だから，下の図3の形は四角形で，図4や図5は四角形ではないと間違えて認識している子もいる。

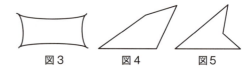

図3　図4　図5

ここでは，三角形，四角形という形はどういう形なのかということをしっかりと約束し，

> 単元指導のポイント

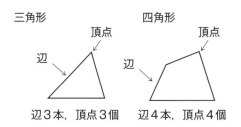

三角形，四角形とそうでないものとをはっきりと弁別できるようにしなければならない。

直角のある形

三角形と四角形を，「直角」という観点で分類する活動を行う。例えば，「ある・なしクイズ」の要領で，下のように黒板上で仲間分けをしていく。

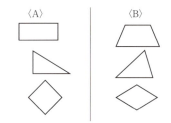

そして，Aの方は「直角がある」という点で共通していることを見出したり，図6のような形を見て「この形はAとBどちらのグループに入れればよいだろうか」と話し合ったりする活動が考えられる。

また，ジオボードで「直角のある形」をいろいろ作らせてみるのもよい。三角形の場合，「直角が1つ」の三角形は作ることができるが，「直角が2つ」の三角形は作ることができない。

一方，四角形の場合だが，まず「直角が1つだけ」「直角が2つ」の四角形を作るのが難しい。続いて，「直角が3つ」の四角形を作ろうとすると，どうしても直角は4つになってしまう。この経験は，5年生で学習する四角形の内角が360°であることと結びつく。

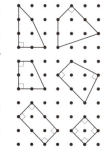

このように，様々な図形を作ったり観察したりする活動を通して，「直角のある三角形を直角三角形といいます」「4つの角が全て直角の四角形を長方形といいます」「4つの角が全て直角で，4つの辺の長さも全て同じ四角形を正方形といいます」という定義を理解させるようにしたい。

長方形を直線で切ってできる形

長方形を1本の直線で切ると2つの形に分かれる。その2つの形を考えさせる。

では，2本の直線では？ 2本の直線が交差しなければ3つの形に分かれ，交差するように引けば4つの形に分かれる。

実際にカードを切って4つのピースに分かれたものを，元の長方形に戻すパズルのような遊びをすると，図形感覚も豊かになる。

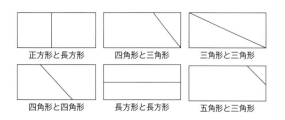

09 長方形と正方形

2年 　B図形 　（田中博史）

育成する資質・能力

○図形を構成する要素として「かど」の形に着目し，その特別な場合としての「直角」についての概念を育てること
○正方形や長方形などの身近かな図形をその構成要素に着目して分類したり作図したりする活動を通して性質を理解することができる。

図形としての「角」の指導

算数教育指導用語辞典の角のところには次のような記述がある。

「一つの点から出ている2直線が，作る図形を角という。一方，一つの直線が端の点を中心として回転したとき，そのあとに残る形も角と考える。後者の角は回転角とよばれるものである」

付け加えて「ここでは，角を図形的に説明したが，量として，一つの点から出ている2直線が作る開き具合の大きさとみることも大切である」

この2直線が作る形として角をみるところが，子どもたちには難しい。回転角としての指導ならば，辺の長さは関係ないという見方は子どもたちも容易にできるのだが，1年，2年の時にはその意識がないだけに指導には配慮が必要である。

「直角」の概念を育てるとは

さらに，難しいのは直角の指導である。

三角定規などを持ってきて直角のところをみせ「このような形を直角といいます」と教える。

だが，たったひとつの物を見せただけで子どもたちには概念は育たない。

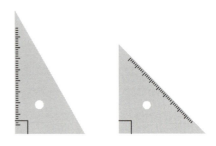

三角定規の直角

そこで，この一つの例から子どもたちはどのような形を直角と捉えたか試す活動が必要になる。

それが**教室の中から直角を探そうと言うような活動**である。

実際に探させてみると，三角定規のような三角の物だけを見て探そうとする子どももいる。教師用の三角定規を見つけて，これだと告げる子もいる。形全体として捉えているのである。

ある子は平らなものにしかないと思っているかもしれない。だから箱を見せて，たくさん直角があることも情報として共有させていくことが必要である。

こうした活動を繰り返していくことによって次第に直角の概念は子どもの中に育っていく。だから一回か，二回の算数の授業の時間だけでそれが完了すると思っていてはいけな

| 単元指導のポイント |

教科書での言葉の約束の伝え方

直線，辺，直角
　ひとつの図形を示してその中のサンプルをさして「～のような～を…といいます とたとえを使って表現していることが多い。

長方形　4つのかどがすべて直角な四角形
正方形　4つのかどがすべて直角で，4つの辺の長さがすべて同じ四角形

いと考える。

　学んだことを子どもたちが日常の活動で使う中で他の友達との認識のずれなどが話題になるとよい。また他の学習の中でも何度も登場するように意識するといい。その中で最初の捉え方の狭さが次第に修正されていくのである。

　用紙を持ってきて下の図のように折ってこれが直角ですと教えることもよく取り入れているが，大人はその意味がわかっているからいいが，子どもはなぜ紙を折るのか，どうしてそれで出来たものが直角なのか，その理由はよくわからないでいるから，留意して指導したい。

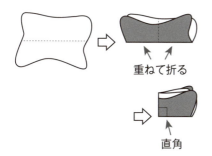
重ねて折る
直角

　360度を4等分するから90度で直角なのだとわかって，操作している人と，そうでない子どもの捉え方がずれるのは当たり前だと考えて行くことである。

　ここが定義をもとに学習を進めていく上の学年の学びとの違いである。

　初等教育の場においては，子どもたちが既に生活の中で知っているつもりになっていること，日常目にしていることだけど深く意識はしていないものを学習の対象としていることが多い。それらを改めて学ぶことで，それを深く意識させていくことが目的となっている。正方形や長方形といった形を知らないわけではない。「ましかく」「ながしかく」などといってその違いをぼんやりと認識していた。この知っているつもりのことを改めて視点を定めて認知させていく活動をくり返しているのである。

図形の包摂関係

　大人は正方形は長方形の特別な場合であると認識しているし，上記の定義がそれを表していると理解できると思うが，子どもたちにとっては困難なことである。

　もともと「ましかく」と「ながしかく」が別の図形についた名前だと思っていたところから始まっているからである。

　低学年の間は，その関係を無理やり認めさせるのではなく，分類活動の中で「同じ仲間」に入ることがある等を子どもたちが必然的に感じるまで待ちたい。

― 2年 ―
10 Ⓑ図形 はこの形

（森本隆史）

育成する資質・能力

○正方形や長方形の面で構成される箱の形をしたものについて理解し，それらを構成したり分解したりする。また，頂点，辺，面といった図形を構成する要素の存在についても気付くことができる。
○図形を構成する要素に着目して，構成の仕方を考えることができる。

　第1学年では，身のまわりにあるいろいろな立体について，その特徴をとらえる学習をした。そのときに，はこの形について全体的に捉える見方と機能的な性質に着目して学習している。

　第2学年では，身のまわりにある立体の中で，さいころの形（立方体）とティッシュの箱の形（直方体）に限定して学習をする。この学年では，直角，長方形，正方形の学習もするので，直角のある形，長方形，正方形の使われている箱の形を学習する。

図形の構成要素

　第2学年では，図形を全体的に捉える見方に加えて，平面図形と同様に頂点，辺，面といった図形を構成する要素に気付くことができるようにする。

　例えば，子どもたちが持ち寄った箱の形を比べる活動を仕組み，「この箱とこの箱は同じ形かな」と問う。

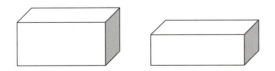

　このように問えば，子どもたちは面と面を合わせてみて，同じ大きさになっているのかを調べ始める。また，辺と辺を重ねたり，長さを測ったりして辺の長さが同じであるかどうかを確かめるであろう。

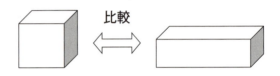

さいころの形とティッシュの箱の形の比較

　さいころの形とティッシュの形を比較して，子どもたちの言葉でそのちがいを明らかにする。このとき，子どもたちが構成要素に着目するように促すとよい。

　具体的には，次のようなことに気付かせたい。

・さいころの形は面がすべて正方形になっているが，ティッシュの箱の形は長方形になっている。
・ティッシュの箱の形は，面がすべて正方形ではないが，正方形がまざっているときがある。
・さいころの形の辺の長さはすべて同じ長さになっているが，ティッシュの箱の形の辺の長さは同じところもあるが，同じ長さではない辺もある。　　など

単元指導のポイント

頂点，辺，面の数

構成要素の数に着目したとき，どちらの形も頂点，辺，面の数が同じになることを子どもたちに気付かせたい。

	頂点	辺	面
さいころの形	8	12	6
ティッシュの箱の形	8	12	6

面に着目した活動

子どもたちにある箱の形を見せて，「この箱と同じ箱を作ることはできるかな」と問うてみると，子どもたちはその箱の面を写し取ろうとしたり，辺の長さを測ろうとしたりするであろう。画用紙に面を写し取るように促せば，一つ一つの面を別々に写し取る子どもがいたり，展開図のように面をつなげるようにして写し取る子どもがいたりするだろう。いずれにせよ，立体の面という構成要素に目を向けた活動である。

頂点と辺に着目した活動

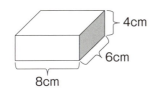

上の図を示して，「ひごとねん土を使ってこの箱と同じ箱の形を作ろう」と言う。面を基本とした活動だと，子どもたちは頂点や辺になかなか着目することができない。そこでひごとねん土を使って，子どもたちが頂点の数と辺の数に着目できるようにするのである。

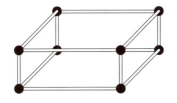

箱の形ができるつながり方

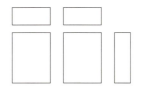

上の図を子どもたちに見せて，「これで箱の形ができるかな」と，子どもたちに問いかける。箱ができるものだけを与えるのではなく，あえてできないものを提示する。子どもたちが「これだと箱はできないよ」と言えば，「どうしてできないの」と問い返す。そうすれば子どもたちは面の数や形について自分の考えを言うだろう。そして，「じゃあ，あとどんな面があれば箱ができるかな」と問う。このような活動は第4学年の展開図の学習の素地となっていく。

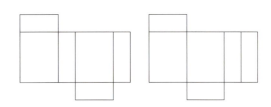

上のような図を提示して箱ができるかどうかを問う。子どもたちは箱ができるときとできないときで，6つの面のつながり方にどのようなちがいがあるのかについて，気付いていくはずである。

はこの形 53

― 2年 ―
11

C 測定

（田中博史）

時刻と時間

育成する資質・能力

○時刻と時間について理解し，それを用いることができるようにする。

時刻と時間の違い

　子どもだけではなく，大人も日常生活においては，時間と言う言葉を曖昧にして使っている。「すみません。今の時間を教えてください」と言って，時刻を尋ねている光景はよくあることである。もちろん，日常生活においては，意図が伝わればよいのだから，それぞれの言葉はその伝達の役目が出来ていればよいのかもしれないが，算数の指導においては，この二つの意味の違いははっきりと意識させておきたいところである。

　時間を数直線で表した時に，一点で示されるのが時刻であり，幅を持って色を塗ったりできるところが時間であるというようにである。もちろん厳密に言うと，幅も点と区別できない場合があるが，この時期の子どもたちには，はっきりと違いが区別できる例で押さえておくとよい。

　日常でデジタル時計などを目にしている子どもにとっては，12：00という時刻は実際は1分間同じ表示を続けているので，それが点であるという意識は持ちにくい。

　子どもたちを取り巻く生活環境からの影響を考慮に入れて，実際の指導に当たることが必要である。

低学年の時刻と時間の指導

　1年生では何時と何時半というような読み方から指導を始め，何時何分という読み方ができるようにしていく。

　2年生では，午前と午後と言う言葉，さらに1時間が60分であるということ，1日が24時間であることを学ぶ。その中でも午前0時が午後12時と同じであることなどは子どもたちも捉えにくいので，時計を使って一日を再現しながら確かめて行くとよい。

　さらに3年生では，これらを受けて分と秒の関係を学び，時刻と時間の計算ができるようにしていく。この時刻と時間の計算は子どもたちが苦手とするところである。

　だがこれらの指導は厳密に学年の区別をしていくのではなく，子どもたちの実感に合わせて元に戻ったり先に進んだりスパイラルに指導していく方がよい。生活科や遠足など行事においても腕時計をつけさせるなど積極的に活用させていきたい。

　確かに時間も量なので，測定の領域に入ってはいるが，他の量のように認識過程で4段階の活動を取り入れるわけではないので，この学習は生活能力としての位置づけの方が大きいと考えられる。

2年生の内容の基礎・基本

単元指導のポイント

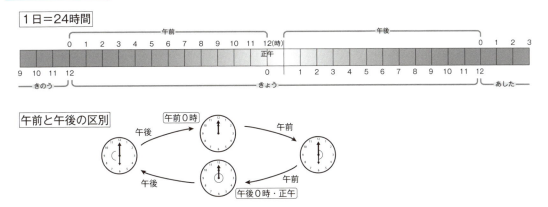

ただその中で，今までの十進数の世界から60進数の世界になることが大きな違いとしてあるため，子どもたちの苦手を算数の視点からも捉えなおし，指導の際に留意していくことは必要である。

感覚を大切にした時計遊び

子どもたちが苦手とするところであるため，時刻と時間の計算でも，それを筆算の形式などにして形式的に教えて行くことを急ぐ傾向があるが，まずは**感覚的に60進数の世界を遊びながらたくさん体験させていくこと**も心掛けたいものである。

私は時計の教具などを使って，次のようなジャンケンゲームを行って子どもと遊んでみた。

　グーで勝ったら5分進む

　チョキで勝ったら10分進む

　パーで勝ったら15分進む

例えばスタートを8時30分にあわせ，ゴールを10時にするなど，子どもたちの様子に合わせて楽しく「時間すごろく」をしてみる。

クラスの中の誰かがゴールの10時に達したら，全員に今何時何分のところにいるかを尋ねてみる。

一人一人が自分の時刻を読む練習が同時にできる。それぞれの読み方が正しいかどうかは隣同士で確かめる。

続いて，ゴールの10時まではあと何分あるのだろうかを尋ねてみる。

ゲームの中の必要感を使って時間の計算をさせてみれば，筆算など使わなくても子どもたちは計算できるようになる。

わからなかったら，5分ずつ進めて10時になるまで数えたらいい。

時計の帯表現

時刻と時間の指導の際にその違いを理解させていくのに，時計を上記のように帯表現させていくことは役に立つ。

しかし，最初はそのイメージがつかめない子もいるので時計に巻き付けたリボンを下の図のようにして展開していき，示された数直線が何を表現しているのかを見せておくとよい。

時刻と時間　55

― 2年 ―
12 長さ
Ⓒ測定

（中田寿幸）

育成する資質・能力

○普遍単位（cm，mm，m）の必要性に気づき，測定する対象の大きさにより適当な単位を選択できるようにし，ものさしを用いた測定ができるようにする。

普遍単位の必要性に気づかせる

1年では長さを比べる方法として，直接比較，間接比較，任意単位による数値化による比較を学習してきている。2年では，1年での活動の上に，長さの普遍単位（cm，mm，m）の必要性に気づかせていく。

1年のときの鉛筆等の長さ比べから，ノートのます目での任意単位による数値化，そして，教室の中だけでなく，教室の外での比較，全世界との比較ができる普遍単位のよさに気づかせていくのが2年でのねらいである。

単元に入る前から子どもたちは生活の中でcm，mm，m の普遍単位を，使ってきている。しかし，その必要性について考えてきたことはない。「だからこういう単位があるんだ」と子どもたちが納得する活動を組みたい。

ノートのます目の数で鉛筆の長さを比べることができるが，ノートのます目の大きさが違うと，いつでもどこでも比べられるわけではない。工作用紙を使って長さを測る活動をとり入れながら，普遍単位のcm を教える。工作用紙では「7ますとちょっと」「7ますと半分」「半分とちょっと」などの細かい比較はしづらい。比較しにくい体験から，工作用紙1ますを10個に分けた目盛りの必要性が出て

くる。数は10個集まると新しい位をつくってきた。ひき算では繰り下がりで10をつくってきた。これらとの共通性に気付かせていきたい。

1 cm ＝ 10 mm，1 m ＝ 100 cm の関係になっていることを理解させていくが，形式的な単位換算はさせたくない。1 m の紙テープや1 m の棒に目盛りをつけて自分の1 m 定規を作り，ものを測り取る活動を通して，長さの量感を育てていくことを並行して進めていきたい。

ものさし，定規の使い方を知る

元来はものさしは長さを測りとる道具であり，定規は線を引く道具であった。今はどちらにも使えるようになっていて，厳密に区別をする必要はないが，その機能については理解させていきたい。

ものの長さを測るときに，端が0になっていると，ものに当てて測れるので便利である。しかし，0の位置から線を引き始めるのは難しい。そのため，0の位置がはっきりわかるように，端に余白がある。

しかし，最近のアクリル定規には端が0になっている定規もある。1つの定規に複数の機能を入れ込むと便利な面もあるが，子どもにとっては使い分けがわからなくなることが

単元指導のポイント

竹のものさしは物の長さを差し測る道具である。物差しと書き、竹尺とも言う。

竹は熱に強く、ゆがみにくい。長さを測るときに端を合わせて測れるので、竹のものさしは一番端から目盛りが始まっている。赤い点は星と呼ばれ、数字がなくても星を数えていけば、長さがわかる。数字が無いので、どこでも起点にして測りとることができる。

目盛りが汚れたり、削れたりしないように線を引くときには、目盛りのない方を使う。溝は筆で線を引くときに、ガラス棒などを同時に握り、筆がものさしに直接触れて汚れないようにするためのものである。

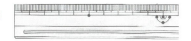

あるので注意が必要である。

ものさしで直線を引くにも細かい技術がある。引きたい直線があったら、その線から少し定規を離したところにおく。どのくらい離すのかは、鉛筆で先に印をつけて、その鉛筆に定規を当てるようにする。

鉛筆をどの角度で、どのくらいの力で定規に当てるかなど、練習しながら子どもにどうすると書きやすいのか聞いてみるのもよい。

定規がずれるのは、定規だけを押さえているからである。定規と一緒にノートの紙も押さえると定規がすべらない。

これらのことは転ばぬ先の杖と考えて先に教えるのでは無く、子どもが困っているとき、うまくいかないなあというときに、その理由を考えさせながら繰り返し活動の中で教えてくとよい。

数直線は左が0で右に行くにつれて大きな数になっていく。しかし、左利きの子が左から右に直線を引くのは難しい。定規は右利きの子に読みやすいように目盛がついている。左利きの子への配慮もしていきたい。

長さの加法性

長さは位をそろえれば、加減ができる。このことを実際の生活の場面で経験させ、合わせた長さを測りとることで確かめさせたい。なお、筆算形式にすると、位をそろえるよさがわかるが、習熟に時間をかける必要はない。整数と同じように位をそろえれば計算できることの理解が大切である。

```
  3 m 25 cm
+ 2 m 43 cm
-----------
  5 m 68 cm
```

なお、液量の単位(L, dL, mL)と関連させて、dm を扱うことも考えられる。dm の存在を知ることで、m → dm → cm → mm と $\frac{1}{10}$ ずつに単位がついていることがわかると、1 m = 10 cm というミスを防ぐこともできる。しかし、深入りする必要はない。

測定する対象により単位を選べる

量感を育てることは大切である。だいたいどのくらいの長さなのかを目測してから計測して確かめさせたり、自分の体(こぶし1つ、手を開いた長さ等)の長さを知り、長さの見当をつけたりする活動を位置づけるとよい。これにより、測定する対象によって、ものさしを使い分け、単位を選んで測定できるようになっていく。

長さ 57

― 2年 ―

13 Ⓒ測定

水のかさ

（中田寿幸）

育成する資質・能力

○普遍単位（L，dL，mL）の必要性に気づき，測定する対象の大きさにより適当な単位を選択できるようにし，Lます，dLますを用いた測定ができる。

水の体積のことを「かさ」と言う

「かさ」は容積を表す和語として使われているが，計量法体系においては，「容積」の語が用いられることはなく，すべて「体積」である。

教科書では容器に入る水の量のことを「かさ」と呼んでいる。「かさ」は普段使われる言葉ではない。「かさを増やす」「水かさが増す」などの言葉を紹介しながら，子どもが使えるように慣れさせていきたい。

長さの学習と比べながら

第1学年ではかさを比べる方法として，直接比較，間接比較，任意単位による数値化による比較を学習してきている。第2学年では，1年での活動の上に，かさの普遍単位（L，dL，mL）を学んでいく。

子どもたちは生活の中でL，mLの普遍単位を目にし，耳にしている。しかし，かさの単位を使ったり，その必要性について考えたりしてきたことはない。そこで，**長さの学習で普遍単位を使ってきたことと比べながら，「長さのときはこうだったから，かさのときも……」とかさのときと比べて考えられるように活動を組んでいきたい。**

普遍単位の必要性に気づかせる

第1学年ではコップなどの任意単位で比較をしてきたが，いつでも，どこでも正しい「かさ」をいい表すために，共通の単位が必要であることを気づかせたい。

かさの普遍単位をL，dL，mLの順で子どもに出していくのがよいのか，dL，L，mLの順がよいのかは教科書でも分かれている。測定したはしたを量るために下位単位ができたと考えれば，Lのはしたがでたときに，dLを教え，dLのはしたがでたときに，mLを教えるのがよい。しかし，子どもが操作をしたり，身近に感じている量を考えたりすることを考えるとdLからがよい。

なお，dLは身の回りにはほとんどない単位であるが，3年になってからの分数，小数を学ぶときにも，$\frac{1}{10}$の操作させるのにイメージしやすい量なので昔から使われている。

cLという単位も授業者は知っておくとよい。日本では使われていないが，ヨーロッパなどでは広く使われている。輸入された飲料の容量に使われており，単位探しをしていると子どもが見つけてくるときがある。dLと同様に身の回りにはないが，単位の体系の中には位置づけられていることを話して聞かせ

58　2年生の内容の基礎・基本

---単元指導のポイント---

リットルを表す単位記号のゆれ

　日本では筆記体の「ℓ」が使われていた。しかし，国際単位系の規定でも，日本の計量法上も，大文字の「L」，または小文字の「l」となっている。しかし，小文字の「l」は筆記体のアラビア数字の「1」と似ていて区別しにくい。そこで，大文字の「L」が現在では使われている。

cc って何？

　英語の"cubic centimetre"の略で，1 mL と同じ大きさになる。国際単位系では体積を「cm³」で現すと定義されており，cc も mL も使用することは推奨されていない。以前はジュースの量や医療関係で使われていたが，現在の日本では主に自動車のエンジン排気量でみられるぐらいである。

2年

ることもあってよい。

比較することで「かさ」を数値化する

　Lから学習していく場合は，花瓶やバケツなどを複数提示して「どのかさが多いか？」と比較していく中で，直接比較，間接比較，任意単位による数値化をしていく。そして，いつでもどこでも使える単位として「L」を教え，さらに「L」のはしたを比較するときに「dL」を教える。その際，長さの学習で1 cm のはしたを10等分して1 mm を考えたことを使いながら，10等分するよさを引き出していく。

　なお，「dL」のはしたとして「mL」を教えるが，形式的な単位換算をさせる必要はない。工作用紙で1 cm³ を作ったり，1 cm³ のブロックを積んだりしながら，量感を持たせたい。給食で飲んでいる牛乳はパックに200 mL との表示があり，これが2 dL であることや，1 L の牛乳パックに1000 mL とあることから1 L＝10 dL＝1000 mL であることを想起させたい。

かさの単位探し

　かさの単位を探してくることを宿題とすると，飲料等の空容器を教室に持ち込むように

なる。子どもたちは，普段飲んでいるジュースでも，内容量がどのくらいなのかは意識していない。そこで持ち込んだ空容器の内容量がどのくらいなのか予想する活動をするとよい。すると，空容器をみつけると内容量を調べ，持参してくるようになる。ある程度集まったら，内容量の多い順に空容器を並べさせる。すると普段飲んでいるものの量がだいたいどのくらいなのかがわかるようになっていく。

　全員の子が何らかの容器を持ってきた段階で，L ます，dL ます，mL ますを使ってそれぞれ持ってきた容器のかさを測りとる時間をとる。容器の口いっぱいに水をためたときのかさを調べると，容器に記載されている内容量よりも多い水が入る。容器の内容量よりもちょっと多い量が量り取れれば，正確に測っているとみなしてよいだろう。

　なお，お米を量る一合カップ，お酒等の一升瓶は子どもたちが見つけなくても，ぜひ見せたい。升や合の単位は日本で昔から使われていたかさの単位であることを教えることで，世界で通じる普遍単位の必要性がよりはっきりしてくる。

水のかさ　**59**

3年

01 わり算

A 数と計算

（山本良和）

育成する資質・能力

○除法の意味を理解し，除法が用いられる場面を式に表し，除数と商が共に1位数である除法の計算を確実に処理することができる。
○除法の計算の仕方を乗法や減法と関連付けたり，包含除と等分除を統合的に捉える。

わり算（除法）の意味

第3学年で初めてわり算と出合う子どもにとって，わり算の意味理解が大事である。それは次の2つに大別される。

①ある数量が，もう一方の数量のいくつ分であるかを求める場合（包含除）
②ある数量を等分したときにできる1つ分の大きさを求める場合（等分除）

（1）包含除

①は，例えば「12個のあめを1人に4個ずつ配る時，何人に分けられるか」という問題がそれにあたる。この場合，累減の考え方で，12個のあめから4個ずつひくと何回でなくなるかと考えることもできる。12－4＝8，8－4＝4，4－4＝0というように操作と式を結びつけると確かに解決できるが，数値が大きくなると手間がかかる。

包含除の問題場面は，配る人数を□人とすると，4×□＝12の□を求めている計算である。つまり，被乗数と積がわかっている場合に乗数を求めているのである。これを「12÷4」と立式することを指導する。

（2）等分除

②は，「12個のあめを3人に同じ数ずつ分けると，1人分は何個になるか」という問題場面にあたる。この時1人分の個数を○個とすると，○×3＝12というかけ算の○を求めていることになる。すなわち，乗数と積の数値をもとにして，被乗数を求めるわけである。これは「12÷3」と立式できる。

ところで，等分除が成り立つのは「同じ数ずつ分ける」からである。もし1人分の個数が違っていれば，個数を求めることなどできない。等分除の導入で子どもに気付かせたい大事な指導のポイントである。

だから，例えば，授業の導入で「12このあめを3人に分けました。1人分は何こになりますか」と板書して，その後に分けた3人の顔の絵を2種類用意し，1枚ずつ提示する。

【板書例】

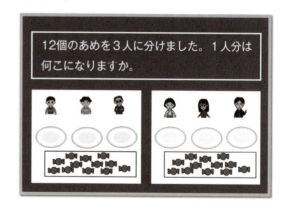

最初の絵（左側）は3人の顔の表情が異なった絵である。1人は笑顔，1人は普通，

60　3年生の内容の基礎・基本

単元指導のポイント

除法の意味理解を確かにし，日常生活に活かす

日常生活において，あるものを等分したり，あるものを同じ数ずつ袋に入れたりする場面は多い。このような場面で除法を用いた能率的な解決のよさを味わわせたい。また，等分除や包含除の意味理解を確かにするためにも，それぞれの具体的な場面をもとに絵本づくりをするような活動も大事にしたい。

もう1人は首を傾げている。つまり，これらの顔の表情から，3人がもらったあめの数が異なっているということに目を向けさせ，おはじき等を使ってあめの分け方の例を考えさせてみる。すると，いろいろな場合があることに気づくとともに，1人分の個数が決まらないことがはっきりする。

一方，右の3人は全て笑顔である。左の絵の表情と対比することで，分けられたあめの数が同じだという事実が見えてくる。そこで，おはじき等の具体物を使って，実際に等分の操作をさせて確かめさせる。等分除の場合は，まず1個ずつ3人に配り，次にまた1個ずつ3人に配る。これを繰り返していくと，4回繰り返した時，ちょうど12個のあめが同じ数ずつ分けられる。中には，一気に1人4個ずつ分ける子どもの姿が見られることもあるが，それは1人分の個数がイメージできた子どもである。そして，1人分が4個だということが明らかになった段階で，同じ数ずつ分けた場合は1人分の個数が一意に決まるという事実を確認するとともに，この操作を「12÷3＝4」という式で表すことを教える。

なお，第3学年では九九1回を適用して答えが求められるわり算を主に扱う。その中には，0÷4＝0のように0を1位数でわる計算も含まれる。

わり算の性質

わり算の特徴に気付かせるためにも，商が同じになるわり算を見つける活動も大事にしたい。例えば，答えが4になるわり算を4÷1＝4，8÷2＝4，12÷3＝4……のように整理しながら，わられる数とわる数の規則性について考えさせていくのである。すると，それぞれの数値が同数倍されてもわり算の答え（商）は変わらないというわり算の性質に，子どもの目が向かう。

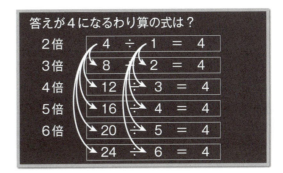

また，3÷3＝1，6÷3＝2，9÷3＝3…のように除数が一定のとき，被除数が2倍，3倍，……となると商も2倍，3倍……となるというわり算の性質も大事に扱っておきたい。

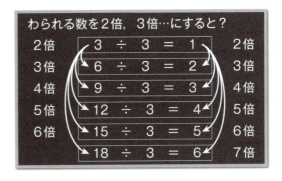

3年
02 Ⓐ数と計算
たし算とひき算

(山本良和)

育成する資質・能力

○3位数や4位数の加法や減法が，既習の2位数までの計算を基にすれば計算できることを理解し，確実に計算することができる。
○計算の仕方を考えたり計算に関して成り立つ性質を見いだしたりするとともに，その性質を活用して工夫して計算したり答えを確かめたりする。

第3学年における「たし算とひき算」

　第3学年の「たし算とひき算」では，第2学年で指導した2位数及び簡単な3位数の加法及び減法の計算を基にして，3位数や4位数の加法及び減法の計算の仕方を考え，計算が確実にできるように指導する。

　また，3位数及び4位数の加法や減法の計算の仕方を考えたり，計算の答えを確かめたりするときには，計算の結果を見積ることができるよう配慮する必要がある。見積りは，明らかに答えの桁数が異なるような誤りを防ぐことにもつながっていく。

「たし算」の授業展開

　「たし算」の授業では文章問題から導入することが多い。しかし，本単元ではたし算の演算決定が目的ではないので，導入場面では，文章問題にこだわる必要はない。だから，たし算の計算問題から直接始めてみてもよい。

　例えば，「計算できるかな？」と板書し，最初に既習の2位数のたし算を扱う。

　⓪〜⑨の数字カードを筆算の□の中に当てはめて計算し，2年生の計算技能の定着を確認する。カードは裏返して置き，選んだカードを当てはめながら答えの大きさ比べをするような場を設定してもよい。

　次に，3位数同士の筆算を提示する。3位数のたし算に出合った子どもに，「**これなら計算できそう**」**と思える筆算の問題を数字カードを当てはめて作らせる**。

　子どもが「計算できそう」と考えるたし算をいくつか扱いながら，計算の仕方を説明させていく。子どもは，「**2桁のたし算と同じように，同じ位の数同士をたせばいいから……**」**と既習の計算方法と関連付けながら説明する**。同時に，どの位も繰り上がりがないから計算が簡単だということも意識される。

　これは，言い換えれば「繰り上がりのある場合はどのように計算すればよいか」という子どもの問題意識を誘発することでもある。

　そこで，次の段階として，繰り上がりのあるたし算の各タイプの計算を扱う。ただし，この場面で大事になるのは，子どもに計算の

単元指導のポイント

計算の工夫

本単元の学びのゴールは，筆算を用いて計算できることだけではない。幾つかの数をまとめたり，計算の順序を変えたりすることで能率的に計算することが大事である。例えば「387 +□+ 98」の□の中に，楽に計算できる数を入れさせてみる。そして，「13」や「2」を入れる考えをもとに，100 をつくって計算するよさを感得させるようにする。このような考え方を「計算の工夫」ということを指導し，活用させていく。

仕方を教師が伝えるということではない。教師がすべきことは，それぞれの計算の仕方を関連付ける思考を子どもから引き出し，**「結局，既習の2桁のたし算と同じで，同じ位の数同士をたせばいいだけだ」**ということに気づかせることである。そして，さらに**「だったら4桁でも5桁でもたし算ができる」という意識を子どもから引き出していく。**

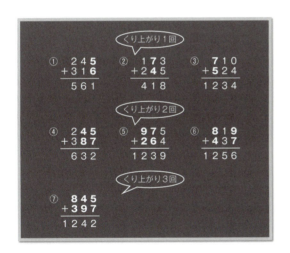

習熟と見積もり

計算技能を定着させる方法は，単にドリルの問題を解かせればよいというものではない。子ども自身に計算する目的を持たせ，計算に対する子どもなりのこだわりを引き出したい。

例えば，クラスの中にチームを作り，各チームが作った4位数同士のたし算の答えの大小を競わせる。たし算の作り方にもいろいろな方法があるが，前述のように裏返した数字カードの中からカードを8枚選ばせて筆算を作るのも一つの方法である。

勝敗がかかっているので，子どもは間違わないように計算し，答えの数に一喜一憂する。自然に計算技能の定着が図られていく。

少し慣れてくると，計算せずに勝敗を判断させてみる。上の位の数値に目を向ける見積りの考え方を子どもから引き出すのである。そして，本当の答えを計算して確かめさせ，見積りを立てるよさに気付かせる。

「たし算」から「ひき算」へ

「ひき算」の学習は，たし算で体験したことを関連付けられることを重視する。即ち，3位数や4位数のひき算であっても，既習の2位数のひき算と同じ仕組みになっていると見られることや見積りを立てるよさに気付くことである。

なお，タイルや図を使って計算の仕組みを説明する活動も大事にしたい。

03 あまりのあるわり算

3年 　Ⓐ 数と計算　　　　　　　　　（夏坂哲志）

育成する資質・能力

○わり算には割り切れない場合があることに気づき，その場合はあまりを出すことを知る。
○あまりの大きさは，わる数よりも小さくなければならなければならないことを理解する。
○わり算で答えを求める文章題において，あまりが出たときの答え方について考える。

わり算の範囲を広げる

子どもたちは，3年生で初めてわり算を学習するわけだが，導入段階では，かけ算九九を適用することによって答えが求められる数の範囲で学習が進められる。例えば，21÷7であれば，7×□＝21の□に入る数を考えることによって，答えを求めることができる。

しかし，このわり算のわられる数，あるいはわる数を変えたらどうだろうか。

わる数の21を23に変えると，23÷7となるが，7×□＝23となる□は存在しないことになる。

このような場合に，どのように答えを表したらよいかを考えさせることが，ここでは指導の重点となる。

1×1から9×9までのかけ算九九の答えの中には，1から81までの数が全て含まれているわけではない。下の表の○印をつけた数が，かけ算九九の答えに登場する数だが，全部で36種類しかない。それ以外の数を1か

ら9の数でわってもわり切れないということになる。つまり，かなり制限された数の範囲の中でわり算を行っていたということである。これを拡張させていこうとする意識をもたせるところに指導のポイントがある。

答えの表し方を素直に表現させる

わり切れず，あまりが出る場面を扱うわけだから，導入の素材としては，包含除の場面が子どもにはわかりやすい。また，具体的に操作できるものの方が，後であまりを確かめるのに都合がよい。

例えば，次のような問題場面である。

わり算の意味が理解できていれば，立式することには問題はない。しかし，答えを1つの数で言えないことに気づくと，子どもの中には立式に躊躇する子もいる。

さて，14÷3の立式ができたら，その答えを考えさせるわけだが，はじめは子どもに自由に表現させてみるとよい。

例えば，次のような答え方である。
14÷3＝4で2あまる
14÷3＝5には1たりない

| 単元指導のポイント |

あまりのあるわり算と，その確かめ算

「23個のりんごを4個ずつ袋に入れます。何袋できて，何個あまるでしょうか。」

（式）23 ÷ 4 ＝ 5 あまり 3　→　確かめ算　4　×　5　＋　3　＝　23

4の段で答えが23に一番近いのは4×5＝20だから…

（1袋分の数）（袋の数）（あまった数）（全部の数）
（わる数）×（商）＋（あまり）＝（わられる数）

また，このような答えに到るまでに，「1人だとまだ11個残っている」→「2人に分けると8個残る」→「3人だと残りは5個だから，まだ分けられる」→「4人に分けると，もう分けられなくなって2個があまる。だから答えは『4あまり2』」というように考えて，「最大何人に分けられるか」を答えなければならないことを，**具体物の操作と関連づけながら**おさえておきたい（「残り」と「あまり」というように言葉を使い分けるのも，1つの方法として考えられる）。

これまでのわり算と違って，きちんとわり切れない場合があることを理解させたら，

14÷3＝4あまり2

のように，等号の後に，われる最大個数を書き，続けて「あまり2」のようにあまりを付け加えて答えることを教える。

あまりの大きさ

あまりはわる数よりも大きくならない，わり切れる場合にはあまりは0になる，ということついても，**具体的な操作と関連付けながら**理解させるようにしたい。

また，右に示したように，**同じ数でわった式を順序よく並べてみる**ことからも，あまりの大きさに着目させること

| 12÷4＝3（あまり0） |
| 11÷4＝2あまり3 |
| 10÷4＝2あまり2 |
| 9÷4＝2あまり1 |
| 8÷4＝2 |
| 7÷4＝1あまり3 |
| 6÷4＝1あまり2 |
| 5÷4＝1あまり1 |
| 4÷4＝1 |

ができる。

なお，このように並べた式の続き（3÷4，2÷4，1÷4，0÷4）の答えを考えさせると，「答えが無い」と言う子もいる。「3÷4＝0あまり3」のように，商が0になる場合もあることにも触れておくとよい。

あまりの処理

子どもが38人います。1つの長いすに7人ずつすわります。全員がすわるには，長いすがいくついりますか。

上のような問題では，「38÷7＝5あまり3」という計算結果が，「7人座っている長いすが5脚で，あまり（まだ座れないでいる子）が3人」という状況を表していると読み解くことができるようにしたい。そのためには，5と3がそれぞれ**何の数を表しているのかを考えさせる**。そうすれば，「あまっている3人が座るにはあと1脚必要だ」と考えることができる。

よくある間違いの例

「20÷2＝9あまり2」のような間違いをする子もいる。「2の段で20に一番近い九九は2×9だから……」と形式的に処理することから，このような失敗をするようである。わり算の意味に立ち戻り，数のイメージをもって考えられるようにしたい。

あまりのあるわり算　65

― 3年 ―

04

Ⓐ数と計算

（夏坂哲志）

かけ算の筆算（2, 3位数×1位数の計算）

育成する資質・能力

○2位数や3位数に1位数をかける乗法の計算の仕方について考える。
○2位数や3位数に1位数をかける筆算の仕方を理解し，正しく計算できる。
○これまでに学習してきた乗法の意味や数の見方，計算の性質を活用して，計算の仕方を考える。

計算の仕方を考える

2位数×1位数の計算については，2年生の時に12程度までの2位数と1位数との乗法について指導している。また，本単元よりも前に，被乗数や乗数が0の場合の乗法についても扱っている。

また，乗法に関して成り立つ性質については，2年生で乗数が1ずつ増える時の積の変化や交換法則などを指導し，本学年では，交換法則，結合法則，分配法則を指導する。

このような既習事項を使って，**2位数×1位数，3位数×1位数の計算の仕方を考えたり，説明したりする**ことが，本単元のねらいの1つである。

例えば，24×3であれば，次のように計算する子が出てくると予想される。

(1) 24を3回たす。24＋24＋24＝72

(2) 24を8×3と見て，結合法則を使い，24×3＝(8×3)×3＝8×(3×3)＝8×9＝72

(3) 24を20＋4と見て，分配法則を使い，24×3＝(20＋4)×3＝20×3＋4×3＝60＋12＝72

24をどのように見るか，といった数の感覚が，計算の仕方に表れることになる。なお，(3)の計算の仕方は，筆算に結びつく考え方

である。

何十×1位数，何百×1位数の計算

何十×1位数の計算の仕方として，「何十の0を取ってかけ算をし，後から0をつける」というように形式的に教えたのでは，答えを正しく求めることができたとしても，そこには計算のイメージは無い。

例えば，20×3の計算であれば，20を「10が2つ」と見て，2×3の九九を利用して求められることを理解させたい。

つまり，下の図のように10を単位にしたもの2つ分の3倍（10の6つ分）と考えるわけである。この「2つ分」の2は，20の十の位を見ればわかるのである。

$20×3＝(10×2)×3＝10×(2×3)$

何百×1位数の計算についても同様に考える。つまり，300×4のような計算であれば，100を単位にしたもの3つ分の4倍であるととらえる。この「3つ分」の3は，300の百の位を見ればわかる。

$300×4＝(100×3)×4＝100×(3×4)$

66　3年生の内容の基礎・基本

単元指導のポイント

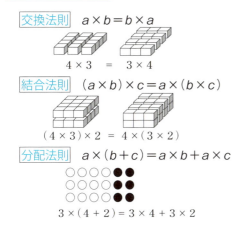

部分積

かけ算の筆算の中で，途中の段階の積を書き表したものを部分積と言う。一般に，1位数をかける時は部分積は書かないが，3位数×1位数などで繰り上がりが多い場合，部分積を書いた方がわかりやすいという子もいる。

(例)

```
    2 4          2 4
  ×   3        × 1 3
    1 2          7 2
    6 0          2 4
    7 2          3 1 2
```
部分積

筆算形式を教える

左ページ1の(3)のような計算の方法（十の位と一の位に分けて，分配法則を使って計算する）をもとにして，筆算形式を教える。

24×3の計算では次のようになる。

```
        20×3=60
  24                  60+12=72
        4×3=12
```

```
  2 4      2 4      2 4
× 3      × 3      × 3
  6 0      1 2      7 2
+1 2     +6 0
  7 2      7 2
```

なお，部分積が表している数について，下のような図などを用いてイメージを持たせるようにしたい。

一の位	十の位
⑩ ⑩	① ① ① ①
⑩ ⑩	① ① ① ①
⑩ ⑩	① ① ① ①
60	12

24+24+24のように計算する場合は，たし算の筆算を書いて答えを求める子もいる。この筆算でも，一の位と十の位に分けてそれぞれ計算している点では共通していると見ることができる。

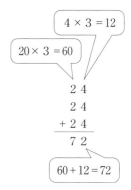

いずれの計算方法も，その基本には十進位取り記数法があるということである。

筆算の仕組みを考えさせるための問題

12×4=48 と 14×2=28, 積の差は20

12×5=60 と 15×2=30, 積の差は30

このように，1□×△の被乗数と乗数の一の位を入れ替えて，1△×□という式をつくり，2つの積を比べると，その差は□と△の差の10倍となる。なぜ，いつもそのようになるのかを考えることで，筆算の仕組みを見直すことができる。

単調な計算練習を繰り返すだけではなく，きまり発見などを取り入れることで，計算に興味をもたせるようにしたい。

―3年―

05 Ⓐ数と計算 （大野桂）
２位数×２位数のかけ算

育成する資質・能力

○ ２桁×２桁の場合でも，２桁×１桁の学習と同様に，十の位と一の位を分割すれば計算が簡潔で明確になることを見出し，その計算の仕方を統合することができる。

○ 発想豊かに数感覚を働かせながら，分配法則などを活用し，計算の仕方を考えられるとともに，仲間の考えた計算の仕方のよさを理解し，進んで活用することができる。

「２桁×２桁」の指導の概要

子ども達は，これまでに「２桁×１桁」の学習でその計算の仕方を考え，筆算形式を学んできた。具体的には，「23×7＝(20＋3)×7＝20×7＋3×7」のように，被乗数を位で分解する計算の仕方を見出し，それを筆算形式に置き換えるというものである。

それを踏まえて２桁×２桁の学習を行うので，**十分に「２桁×１桁」の学習を活用できるような学習となるように授業を仕組む**ことが大切である。

教科書においても，「２桁×１桁」の筆算を踏まえての，「２桁×２桁」における筆算に指導の重点が置かれている。だから，導入で扱われている数値は，筆算形式に結びつき易いものとしてある。具体的には，「23×17」のような，工夫した計算が考えにくく，「十の位と一の位に分ける」という計算方法が想起しやすい数値で導入している。実際に，次のような流れで筆算形式へと創り上げられていく。

「２桁×２桁」の学習の注意点とその指導

上述したように捉えると，「２桁×２桁」の学習は，「２桁×１桁」の筆算が有効活用でき

$$23 \times 17 = (20＋3) \times (10＋7)$$
$$= 20 \times 10 ＋ 20 \times 7 ＋ 3 \times 10 ＋ 3 \times 7$$
$$= 200 ＋ 140 ＋ 30 ＋ 21$$
$$= 391$$

⇩

上の計算の仕方を，
縦に並べる形式の計算に直す。

```
      20＋ 3
    ×10＋ 7
        21…  3 × 7
       140… 20 × 7
        30…  3 ×20
  +    200… 20 ×10
       391
```

↙

まとめて簡潔にする。　　簡潔な表現方法へと洗練する。

```
      23              23
    ×10＋7          ×  17
      161    ⇒        161
  +   230          +   23
      391              391
```

るので，その筆算形式を理解することは子どもにとってそれほど困難が無いように思える。

しかし，実際に「23×17の計算の仕方を考えましょう」という課題を与え，取り組ませてみると，多くの子どもが，十の位同士，一の位同士だけをかけるという，以下に示すような誤答をしてしまう。

| 単元指導のポイント |

〈2桁×2桁の筆算形式：分配法則の活用〉

2桁の数をそれぞれ10a+b，10c+dと置くと2桁×2桁は，(10a+b)×(10c+d)と表せ，分配法則を用いて，
(10a+b)×(10c+d)＝(10a+b)×10c
+(10a+b)×d
＝100ac+10bc+10ad+bd
と4つの乗法の加法へと分解できる。

〈2桁×2桁の計算の工夫結合法則の活用〉

2桁の数A,Bを，それぞれA＝a×x，B＝c×yと置くと2桁×2桁は，A×B＝(a×x)×(b×y)と表せ，結合法則を用いると
(a×x)×(b×y)＝(a×b)×(x×y)
と式の変形を行うことができる。

```
誤答   23×17 = (20＋3)×(10＋7)
             = 20×10＋3×7
             = 200＋21
             = 221
```

この誤答は，アレイ図で見れば一目瞭然である。しかし，式だけで計算していると，その過ちに気付かないのが実情である。

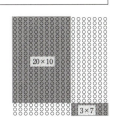

そのような誤答で混乱をしてしまう子どもが多いようであれば，与える課題を「23×17の計算の仕方を考えよう」とす

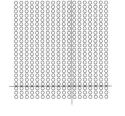

るのではなく，**最初からアレイ図を示して，「○はいくつあるかな？」という課題を提示する**のが効果的である。そして，**学習のめあてを「どこで切り分けたら○の個数が計算で求めやすい？」**と設定するのである。そうすれば，前の図の様な，十の位と一の位に切り分けて計算するという発想が生まれやすくなり，学習の重点も「切り分けた意図」にかけることができることから，筆算の指導に直結

させることができるだろう。

発想豊かに多様な計算方法を引出す

一旦，筆算形式を手に入れてしまえば，「工夫しよう」という気持ちは消えてしまう。だから，学級の実態によっては，第1時から，形式に至ろうとするのではなく，**多様な方法が見いだされるような教材**を設定し，「答えの出し方を考えたい」という子どもたちの想いを大切にしながら，問題解決に向かう子どもの自由な発想を軽重つけずに平等に評価し，その発想のよさを学級で共有することも大切である。

```
25×12の計算仕方を工夫して考えよう
    25×12
  ＝(20＋5)×(10＋2)
  ＝20×10＋20×2＋5×10＋5×2

    25×12
  ＝25×(10＋2)
  ＝25×10＋25×2

    25×12              25×12
  ＝25×4×3            ＝5×5×2×6
  ＝(25×4)×3          ＝(5×2)×(5×6)
  ＝100×3             ＝10×30
```

2位数×2位数のかけ算

3年 06 Ⓐ数と計算 小数

（中田寿幸）

育成する資質・能力

○整数の十進位取り記数法の考えをもとにして，1を10等分して新しい単位を作るなど，拡張して考え，端数部分の表し方や小数の計算のしかたを，具体物や図を用いて考える。

身近にたくさん使われている小数

子どもたちは1年生のときから，健康診断で身長，体重を「123.4 cm」「23.4 kg」と小数で表されてきた。また，視力検査でも「1.2」「0.8」などと聞いている。

生活の中でも体温計の表示は「36.2℃」であり，ペットボトルの飲み物は1.5Lなどと分数に比べると，子どもたちは小数を多く目にしている。

身の回りの小数みつけの活動を子どもたちと楽しみながら，見つけてきた小数を使って学習を組んでいきたい。

小数の意味と表し方

1よりも小さい端数部分の大きさを表すのに小数や分数が使われる。分数は1を等分してできる大きさのいくつ分で表される。それに対して小数は，整数の拡張とみて，十進位取り記数法の考えを1よりも小さい数に拡張して作られている。これにより，表記も計算もしやすくなる。

小さい端数部分の大きさを表すのに，1を10等分して1mmという新しい単位をつくることを子どもたちは2年生で学んできている。また，かさの学習でも1Lよりも小さい端数部分を表すのに，1Lを10等分して1dLという単位を学習している。このように3年生の子どもたちはすでに端数部分を10等分する考え方をしてきているので，**2年生での量の学習を想起しながら，1よりも小さい数の位を一の位の右側に作ると考えていく。**

3 dL と 0.4 dL で3.4 dLと表す。これを下の図のように，カードを重ねる操作で表す。

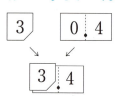

単元の導入

かさの学習でも長さの学習でも端数部分を表す新しい単位を2年生のときに学習してきた子どもたち。かさか長さでの導入がよい。しかし，教科書ではかさから入っている。これは量の大きさを把握しやすいためである。1Lを10等分した1dLも，1dLを10等分した0.1 dLも目で見え，イメージのしやすい大きさである。しかし，長さは1cmの10等分の1mmは小さ過ぎるため，ノートに表すことは難しくなる。そこで，液量を使っての導入が選ばれている。

液量を測りとる中で，端数部分が出てしまう。この端数部分をどのように表現するのかを考えていく。

液量の単位だが，Lの10等分を0.1Lとし

単元指導のポイント

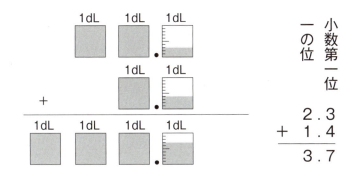

小数も，位をそろえて書くと，整数と同じように筆算できる。

て導入していく方法と，dL の 10 等分を 0.1 dL として導入していく方法が考えられる。

0.1 L は 1 dL であるから，新しい単位を作り出す必要感はない。しかし，小数表記を既習の dL で表して答えを確かめることができる。それに対して，新しい単位に新しく「0.1」「$\frac{1}{10}$」「小数第 1 位」という位をつくると考えれば，0.1dL からの導入となる。

複名数表示を単名数表示で表す

2 L 6 dL は 2 つの単位 L と dL で表す複名数表示である。それに対して，単名数表示は 2.6 L のように，dL の単位だけで表す方法である。複名数表示は量をつかみやすいというよさがある。単名数表示は読み方，書き方が煩雑にならないよさがある。それぞれのよさ認めながら，単位の換算をしていくとよい。

小数についての見方を豊かにする

例えば 3.5 という小数について，3 と 0.5 という構成的な見方だけでなく，0.1 が 35 個分という相対的な見方など，1 つの小数でもいろいろな見方ができることを面白がらせたい。「3.5」ならば他にも「1 が 3 個と 0.1 が 5 個」「3 より 0.5 大きい」「3 と 4 の真ん

中」「7 の半分」など，具体物や数直線を使いながら，豊かな数の見方をさせていきたい。

整数と同様な小数のたし算とひき算

小数のたし算とひき算は整数と同じ十進位取り記数法になっていると考えて，筆算の形式に表していくと同じ位を計算していける。

子どもが間違えやすいのは，小数第 1 位が空位になるたし算ひき算である。5＋1.2 を 1.7 にしたり，5－0.2 を 3 や 0.3 にしたりする。

整数はタイルなどの半具体物で表すことで，小数第 1 位が空位になっていること，空位を整数のときと同じように 0 をつけて，例えば「5.0」のように表してよいことに気付かせていく。

形式的ではなく，意味を理解しながら見えていない 0 と小数点を補って計算できるようにする。

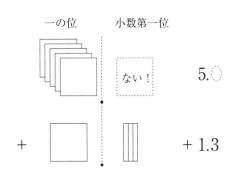

3年 07 A数と計算 分数

(中田寿幸)

育成する資質・能力

○分数の意味や表し方，分数の加法及び減法の意味について理解する。

身近な生活の中で使われていない分数

half の意味の「半分」は生活の中で使われることはあるが，quarter の四分の一は四分の一世紀を表す「四半世紀」という言葉は使われることはあっても，「四半分（しはんぶん）」という言葉はほとんど使われない。ましてや3年生で学習する量を分数で表すことは生活の中ではほとんどない。

生活の中で分数が使われる場面は，ケーキや液量を等分割するときや分数を割合として使うときである。しかし，分数は算数を学習する上では，とても便利でもある。例えば，

・「はした」を操作で表しやすい
・わり算を商分数で表せる
・分数も整数と同じように加減乗除ができる

「はした」を操作しやすい分数

「はした」を表すのに，基本単位を10等分する小数の操作は子どもにとっては難しい操作となる。それに対して，$\frac{1}{2}$，$\frac{1}{3}$，$\frac{1}{4}$ などの単位分数がいくつ分あるかを表す分数は，子どもが操作しやすい。実際に「はした」を基本単位にして測りとる操作を，子どもが活動しながら見つけ出せるようにしていきたい。

「はした」が出てきたとき，子どもたちは「あと1dLの半分」や「あと1mの半分とちょっと」のように「はした」を表現する。

これは「はした」を10等分する小数の考え方ではなく，「はした」を「半分」や「ちょっと」のようなまとまりでとらえ，単位の1と比べて表現している。この表現は分数の表し方の入り口にあたる。「単位の1の半分。（もう半分あれば1になる。）」「単位の1に比べた「ちょっと」がいくつか集まって1になる）」のようにである。

写真は1ナッカータ（担任の肘から親指の先までの長さ）を元にはかりとった $\frac{1}{2}$n（ナッカータ）のノート，$\frac{2}{3}$n の筆箱の縦の長さ，$\frac{1}{4}$n の筆箱の横の長さを測りとっている様子である。

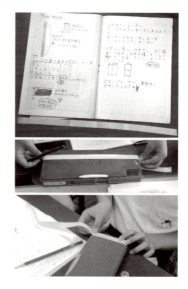

単元指導のポイント

分数の加減ができるのは，単位の1の大きさが同じことが前提となる

液量の場合

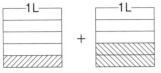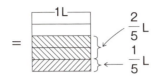

10こに分けたうちの
3こ分に見えてしまう間違え

5こに分けたうちの
1こ分と2こ分を合わせたとみる。

長さの場合

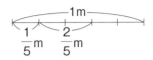

下位単位のない量分数のよさ

はしたを分数で表す際には，下位単位のない量だと分数で表す必然性が出てくる。そこで，担任の腕の長さから任意の単位である「1n（ナッカータ）」を子どもたちに考えさせた。この長さは子どもが机の上で操作しやすい長さにしている。多くの教科書では下位単位のある「1m」を元にして導入している。それでも数値は $\frac{1}{3}$ m を扱い，下位単位では表せないようにしている教科書もある。

下位単位はあるが，操作性を考えて $\frac{1}{2}$ m，$\frac{1}{4}$ m で導入している教科書もある。下位単位がある場合は，$\frac{1}{2}$ m を50cm，$\frac{1}{4}$ m を25cm として，実際の長さを確かめられるよさがある。教科書には下位単位で確かめることはしていないが，子どもは必ず考える。その際は，確かめる活動を位置付けるとよい。

1を捉えにくくする円を使った分数

子どもは分数を表すのに，ピザやケーキを表す円を分割すると，イメージしやすくなる。しかし，ピザやケーキは気をつけないと，量分数として扱えなくなってしまう。例えば，1個のケーキを，4つに切った1つ分は $\frac{1}{4}$ 個のケーキと表したいところだが，生活の中では4つに切られたうちの1つのケーキはやはり1個のケーキになってしまう。まん丸のままのケーキを1ホールと単位をつけて授業をしたこともあるが，それでも，4つに分ければ，$\frac{1}{4}$ ホールとはならずに，1個のケーキになってしまう。また，1ホールの大きさが違うケーキだと，小さいケーキでも，大きなケーキでも同じ $\frac{1}{4}$ ホールとなってしまう。

量分数は1の大きさが普遍単位のものの方が，子どもたちが混乱しない。

簡単な分数のたし算とひき算

同分母の足し算とひき算では，単位分数がいくつ分あるかで求めていく。

必ず出てくるのが，分子同士を足すので，分母も足してしまう間違えである。この間違えが出てきたときには図に表し，単位を確かめるチャンスである。図に表し，単位としている1はどの量なのか，そしてその1としている単位分数がいくつ分あるかを数えればよいことを確かめることで，理解を深められる。

なお，元になる1の大きさが違っていたら，分母が同じでも，加減はできない。分数の加減ができるのは1の大きさが同じ量であることが前提となっている。

3年
08 Ⓐ数と計算
□を用いた式

（盛山隆雄）

育成する資質・能力

○数量を□などを用いて表し，関係を式に表したり，式と図を関連づけて説明したりすることができる。また，□などに数を当てはめて調べることができる。

■□などの記号の意味とその指導

□などの記号は，未知の数量を表す場合と変量を表す場合とに大きく分けられる。

第3学年では，未知の数量を表す記号として用いる場合を中心に指導し，□などを用いて立式することができるようにする。

指導する際は，はじめは□などを数をかく場所として扱い，次第に未知の数量を表す記号として扱うようにする。

□に当てはまる数を調べるときは，例えば17＋□＝24という場合は，□の中に1，2，3，……と順に数を当てはめていく方法やおよその見当をつけて数をあてはめて考える方法などがある。また，逆算で24－17と求める方法もある。逆算で□を求める際には，図を用いて丁寧に意味を理解させることを大切にしたい。

そして，□について考えさせていく過程で，□に当てはまる数値の吟味だけでなく，17＋□が1つの数量を表すことを理解させるようにする。

■□を用いた式の活用の授業

次のような文章題を提示した。条件文の一部が□になっていた。

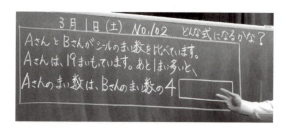

「どんな式になるかな？」
と問いかけると，
「□の中が決まらないと式にできません」
と返事が返ってきた。そこで，次のように発問した。
「では，□にどんな言葉が当てはまるか考えてノートに書いてみよう」

しばらく時間をとって聞いてみると，次のような言葉が現れた。
「4倍になります」

確かに多くの子どもが4倍という言葉を書いていた。そこで，その条件文「4倍になります」を□に入れて，
「では，式を考えてみよう」
と投げかけた。この時間は□を用いた式の3時間目の授業ということもあり，□を用いた式で次のように表す子どもが多くいた。
・19＋1＝□×4

そして，□を求める式として，次のような式も発表された。

単元指導のポイント

□や△，文字を用いた式の学年の指導系統

２年生…加減の相互関係を学ぶために□を用いた式に表す。
３年生…未知数を表す□を用いて数量の関係を式に表す。
４年生…□や△を用いて数量の関係を一般的な式に表す。□や△は変量を表す記号として用いられる。
５年生…変化や対応の変わり方に着目し，□や△を用いて数量の関係を式に表す。
６年生…数量の関係を文字 a や x などを用いて一般的に表す。

・$19 + 1 = 20$　$20 \div 4 = 5$

このとき，ある子どもが

「どうしてこの式になるの？」

と疑問を投げかけた。この疑問を解決するためには，やはり図が有効である。子どもは，つぎのような図をかいて説明をした。

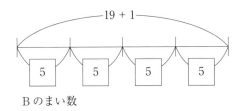

「１つ分の□の数を求めるには，19＋1 を 4 で割らないといけないから」

といった言葉で説明された。この時に価値づけたのは，19＋1 を１つの数量として見ている点であった。

ここで，次のように子どもたちに伝えた。

「実は，この□には，入れようと思っていた言葉があります。みんなは『４倍になります』でしたね。ほとんど同じ言葉を用意していまいた」

そう言って新しい言葉「４倍ぶん多いです」を入れた。

子どもにこの条件文の意味を解釈するにはやはり図をかくことが一番であった。

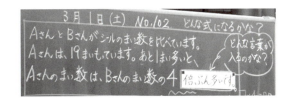

子どもたちは一斉に図をかいて理解しようとした。

図は，「差」に関する文脈では，１本のテープ図や線分図ではなく，２本にした方がよいこと。また，「倍」を表現するには，「倍」を表すもう１本の数直線があると便利なことに気づいていった。

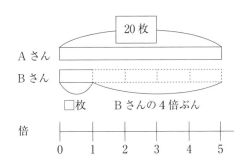

図ができると，そこから数量の関係を読み取り，次のような式に表すことができた。

・□×5＝20
・20÷5＝□
・□＋□×4＝19＋1

この後は，□を用いた式を図と関連づけながら説明する活動を行った。

3年 09 Ⓑ図形 円と球

(夏坂哲志)

育成する資質・能力

○円や球の定義や性質，それぞれの構成要素の関係を理解する。
○コンパスを用いて，決められた大きさの円をかいたり，模様をかいたり，線分を写し取ったりすることができる。

具体的な場面を通して，円の定義を理解する

ある定点から等距離にある点の集まりを円という。この言葉をそのまま伝えても，子どもには何のことかわからない。そこで，具体的な経験を通して，この定義について理解できるようにしたい。

例えば，広い場所で多くの子が同時に輪投げをするような場面を設定する。下図のように，輪投げをする人が並ぶ線を直線で囲まれた四角形すると，子どもたちは「それでは，棒からの距離が違うので公平ではない」と言う。

そこで，子どもから等距離にするためのアイディアを聞いてみる。

すると，棒やロープなどを使って，棒から一定の距離になるように印をつけていけばよいという方法が考え出される。

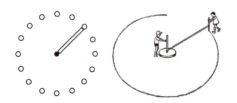

この印をたくさんつけていけば，その点はきれいな円の形になっていく。

円をつくる

ノートの上でも，子どもたちにこのことをやらせてみるとよい。

1点から等距離にある点を，たくさん簡単に打っていくための道具として，下のようなものを，画鋲と工作用紙や糸で作ってみる。

この時に，画鋲から鉛筆までの距離が半径になることをおさえるようにする。

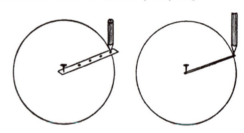

折り紙を切って円をつくるような活動も取り入れたい。

子どもたちは試行錯誤しながら，折ってからハサミで切った方が，折らずに切るよりも，より円に近い形になることに気づいていく。

折る回数も，1回よりも2回，3回と折る方がより円に近い形にできる。

紙を4つに折り，切って開くと…

76　3年生の内容の基礎・基本

単元指導のポイント

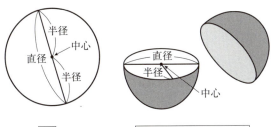

○直径の長さは，半径の長さの2倍。
○直径は，円周から円周まで引いた直線の中で一番長い。
○円を直径で半分に折ると，ぴったり重なる。
○球を平面で切ると，その切り口は円になる。

　このような活動を通して，円の対称性や曲率が一定であることを感覚としてとらえることができる。

コンパス

　円をかく道具として，コンパスがあることを知らせる。コンパスは，画鋲と工作用紙や糸を使って円をかいたときと同じ方法を使っている道具であることに気づかせたい。

　コンパスを使って円をかくには，持ち手だけを持ってクルッと一気に回すなど，コツがいるので，模様づくりなどを通して楽しみながら使い方に慣れさせるようにしたい。

　また，コンパスは，円をかくことのほかに，直線を同じ長さに区切る，同じ長さを写し取る，同じ長さであることを確かめるといった時にも使う道具である。このことは，三角形や平行四辺形などを作図する時にも利用される。このようなコンパスの有用性について，操作活動を通して気づかせていくようにすることが大切である。

球

　球については，円の学習と関連づけて取り上げるようにする。

　球はどこから見ても円に見えること，球を平面で切ると切り口はどこも円であること，球を中心を通る平面で切った場合の切り口が最大になることなど，模型やボールなどを観察することによって気づかせるようにする。

中心を見つける活動

右の円と同じ大きさの円をコンパスを使ってかきましょう。

　上のような問題を解くためには，円の中心を見つけたり，半径の長さを求めたりしなければならない。その方法として，次のようなことが考えられる。

○円周が重なるように2回折ると，折り目の交点が円の中心。
○外接する正方形をかくと，その1辺の長さの半分が半径。また，その正方形の対角線の交点が円の中心。
○弦を2本引き，それぞれの垂直二等分線が交わった点が円の中心。
○点を打ち，円を転がしてもその点が動かなければ，その点が円の中心

　他にもあるが，このような活動を通して，円の性質についての理解を深めていきたい。

円と球　77

3年
10 Ⓑ図形 三角形

（山本良和）

育成する資質・能力

○二等辺三角形や正三角形などについて知り，それらの性質を活かして作図することができる。
○図形の構成要素である辺の相等関係に着目し，三角形を弁別することができる。

辺の長さの相等関係に着目する

　第2学年では，平面図形を囲む直線の数に着目し，「3つの直線でかこまれた形」を三角形と定義した。また，図形を見る観点の1つとして「直角」に着目し，直角をもつ三角形を直角三角形というということも学習した。
　第3学年では，新たに三角形の辺の長さの相等関係に目を向け，2つの辺の長さが等しい二等辺三角形や，3つの辺の長さが全て等しい正三角形の概念を形成する。

仲間分けをする必要感とその意味づけ

　新たな図形の概念は，対象となる図形の仲間分けを通して，仲間分けの観点を明確にすることで形成される。例えば，長さによって色分けしたストローで作った三角形を仲間分けする教材では，ストローの色によって辺の長さの相等関係に目を向けさせ，二等辺三角形や正三角形の概念の形成を目指している。ただし，授業者から一方的に「仲間に分けましょう」と投げかけても，子どもには仲間分けをする必要感が生じていない。大事なことは，子どもが三角形を仲間分けしたいという思いを抱くことである。そのため，例えば次のような手立てを講じてみる。

○ストローの種類（長さ）を徐々に増やした場合にできる三角形の種類を問う

　「三角形は何種類できるか」という場面設定とし，最初は1種類の長さのストローを用意する。できる三角形は当然1種類だけである。次に，もう1種類の長さのストローを増やし，計2種類の長さのストローでできる三角形の種類を確かめさせる。すると新たに次の3種類の三角形が出来上がる。

　同様に，新たな長さのストローをさらに2種類追加する。できる三角形の種類が増えるにしたがって，既に作った三角形と新たにできる三角形を区別する必要性が生じてくる。この必要感から，三角形を仲間に分けながら区別して整理しようとする発想を子どもから引き出す。

○円周上の3点をつないでできる三角形の種類を問う

　次頁の右図のように円周上に等間隔に並ぶ9つの点のうちの3点を直線でつないでできる三角形の種類を問う。この場合も，既に

単元指導のポイント

二等辺三角形…………２つの辺の長さが等しい三角形
正三角形………………３つの辺の長さが全て等しい三角形
直角二等辺三角形 … 学習指導要領には「直角二等辺三角形」という用語は示されていないが，上図のような三角形は三角定規でも見慣れている。そのため，「直角三角形であり，しかも二等辺三角形である三角形」として用語を指導してもよいであろう。

作った三角形と新たな三角形の区別をする必要感が生まれ，三角形を仲間分けして確認しようというアイデアが生まれてくる。

また，三角形の辺に対応する円弧に並ぶ点の数から辺の長さの相等関係をとらえることができる。

○ しきつめ模様作りをする

３つの封筒の中に，それぞれ正三角形，二等辺三角形，三角形のピースを同じ数だけ入れておく。そして，それぞれのピースを隙間がないように辺と辺をぴったりくっつけて敷き詰め模様をつくる競争をさせる。

すると，子どもは簡単に敷き詰められる三角形と時間がかかる三角形があることに気づく。その理由を検討する中で，子どもは辺の長さの相等関係に目を向けていく。

作図を通して定義や性質を確認する

正三角形や二等辺三角形の作図の指導は，作図ができるという技能の習得のためだけに行っているのではない。それぞれの作図の仕方を検討する中で，図形の定義を確かめたり，性質を発見したりすることができるように配慮することが重要である。

だから，例えば最初は方眼紙の上でマス目だけを利用して二等辺三角形を作図させる。そして，２辺の相等関

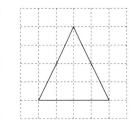

係をコンパスを使って確かめたり，マス目をもとに確かめさせたりしていくと，子どもは二等辺三角形が合同な２つの直角三角形でできていることや，折り曲げるとぴったり重なるという対称性を意識する。

次に，同じくマス目だけを利用して正三角形を作図させてみる。かけたと思った三角形の辺の長さをコンパスで確かめると，同じ長さになっていないことに気づく。このようにマス目に合わせるだけでは正三角形がかけないという事実をもとに，子どもから「コンパスがあればかける」という反応を引き出す。コンパスで二等辺三角形や正三角形の作図をするという方法を一方的に教えるのではなく，必然として現れるようにすることが重要である。そして，マス目のない紙でも二等辺三角形や正三角形の作図に挑戦させると，コンパスを使うよさが明確になる。

三角形　79

―3年―

11 Ⓒ測定

（中田寿幸）

時刻と時間

育成する資質・能力

○秒・分・時の関係が60進法に基づいていることから，具体物や図，式を用いて，時間や時刻の求め方を考え，日常生活に生かす。

普遍単位の必要性を感じさせる

「よく飛ぶ飛行機を作ろう」と紙飛行機を飛ばす。「よく飛ぶ」というのが，時間を言っているのか，距離を言っているのかが子どもたちの問題となる。距離で比べるなら，メジャーを使って「長さ」の学習になる。

時間で比べようとすると，「数を数えて比べよう」とする。数を数えるのは任意単位を使っているとも考えられる。道具もなしに，手軽に始められるよさを感じさせたい。

活動を続けていると，数えるスピードが人によって違ったり，だんだん早くなったりという問題が起きてくる。すると，いつでも，どこでも比べられる普遍単位の「秒」のよさを実感できる。

秒単位で測るときには，ストップウォッチが使われる。すると「1秒」よりも小さい単位が表示される。正確に測れるよさはあるが，子どもの操作には誤差がある。1秒以下は切り捨てて「だいたい14秒」のように表現していくとよい。小数の学習を終えてから，10分の1秒の位について触れてもよいが，最近のストップウォッチは100分の1まで測れるものがほとんどである。体育の50m走の記録などでも普通に使われているので，細

かい説明なしでも子どもはそれほど違和感を持たずに使い続けていく。4年になって，100分の1の位までの小数の学習をした後に，もう一度振り返るとよい。

子どもにとっての難しさ

「今の時間は11時40分です」のように，日常生活では時刻と時間の区別ができていない。算数では時刻と時間を区別していることを教える。

時間を表す単位には日，時，分，秒があるが，それらの単位は時間のときも時刻のときも同じ単位を使っている。これも子どもが時刻と時間を区別しにくい原因となっている。

また，長さやかさと違い，時間は目に見えない量である。重さは実体があるが，時間は実体がない。そのため，子どもが理解していくときに，時間と時間を表す「もの」が必要になる。それが，時計の実物や模型，時計の目盛りを表した図である。それぞれの「もの」にはそれぞれの長所と短所を理解させていきたい。

時間の単位（日，時，分，秒）

時計は12進法になっている。これが子どもを混乱させる。できるだけ実物などを使って数える活動を取り入れていく。

実物の時計や大型模型でも目盛りが小さく

80　3年生の内容の基礎・基本

| 単元指導のポイント |

正時をまたぐ時間の計算　7時50分から8時20分までが何分間かを考えるとき

○ 時計で正時を
　基準に考える

○ 数直線で考える

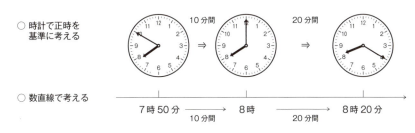

て数えるのが難しいときがある。そんなときにはパソコンを使って，部分的に拡大してプロジェクターで投影して目盛りを読むとよい。秒針だけを動かすこともできる。（右は内田洋行のスクールプレゼンター）

活動させて時間の量感を育てる

1分=60秒の感覚を育てるには，授業の開始などに，目をつぶっての1分間当てをするとよい。感覚を高めると同時に，学級を落ち着いた雰囲気にもさせる活動となる。

他にも50m走のタイムや，駅まで歩く時間等を計ったり，家庭学習の時間を記録して1週間の合計を出したりしていく活動などを取り入れ量感を育てていきたい。

時刻を入れた算数日記

時刻と時間を入れて日記を書くとよい。最初は教室で一斉に取り組む。

例）「朝のドッチボールは8時から始まります。1時間目の国語は8時40分から10時20分までで，40分間べんきょうしました」

時刻と時間の両方が入っている文章を書き，自分で時間を計算で求めていくことを日常でさせていく。実際に子どもが経験している時間なので，子どもは時間の計算に慣れていきながら，量感も育っていく。

時間の計算

「時間あてゲーム」を行う。目をつぶって，その時間になったと思ったら手を挙げる。

最初は10秒から。たくさんの子が10秒を数えられる。当てる秒数を伸ばしていく。60秒を越えて，70秒，90秒となったときに，1分10秒，1分30秒と単位の変換をしていく。60秒を越えたら，60秒ずつ1分繰り上げていけばよいことが，実際の時間を体感しながら理解できていく。分を時に変えるときにも，できるだけ実際の時間で感じられるようにしていくとよい。

「今の時刻は11時40分です。給食は12時10分からです。今からどれくらいの時間を待てばよいのでしょうか」このとき，11時40分は12時まで20分，12時からは10分だから，20+10で30分と正時を基準に考えると，繰り下がりを考えないでたし算で計算できるよさがある。

繰り下がりのない時間の計算の場合は，筆算を用いて同じ位同士で計算できるよさを味わせるとよい。しかし，繰り下がりがあると，60進法のため，煩雑になる。注意が必要である。

3年

時刻と時間　81

— 3年 —
12 Ⓒ測定
量と単位

（森本隆史）

育成する資質・能力

○長さ（mm, cm, m, km），かさ（mL, dL, L），重さ（g, kg, t）などの単位について理解することができる。

○長さ（mm, cm, m, km），かさ（mL, dL, L），重さ（g, kg, t）などの単位についてまとめた表などから，それぞれに共通する関係について考える。

　量と単位を扱う「メートル法の単位の仕組み」の単元は今回の改訂で，第6学年から第3学年へと学習する学年が変わった。

メートル法

　長さの基本単位に「メートル」，重さの基本単位に「キログラム」，時間の基本単位に「秒」を採用する単位系を「メートル法」という。長さ，体積，重さなどは日常生活の中で重要な量で，我々が生活していく上で，これらの量に対して，共通単位が必要である。そこで，はじめにメートルとキログラムを基本単位として，面積や体積の単位はメートルから組み立てることにして，メートル法の単位系が作られた。

　メートル法の特徴としては，十進数の仕組みによって単位が定められていることや，基本単位を基にして組み立て単位が作られる仕組みをもっていることが挙げられる。

　メートル法では，基にしている単位に下の表で示すような接頭語をつけて単位を作っている。

単位の関係を統合的に考察する

　これまで第6学年で指導していた単位間の関係を考察することを，今回の改訂では，それぞれの量の単位および測定の学習をするときに取り扱うこととした。

　これは，**子どもたちがそれぞれの量の単位の学習をしているときに，同じような仕組みに基づいて単位が構成されていることに徐々に気付いて，単位間の関係を統合的に捉えることができるようにするため**である。第4学年では長さと面積の単位について，第5学年では長さと面積，体積，かさの単位を扱い，単位の関係について，徐々に統合的に考えることができるようにしていくのである。

第3学年までに学習する単位

　第3学年までに学習する単位は以下のとおりである。

　長さ（mm, cm, m, km）

　かさ（mL, dL, L）

　重さ（g, kg, t）

ミリ (m)	センチ (c)	デジ (d)		デカ (da)	ヘクト (h)	キロ (k)
$\frac{1}{1000}$	$\frac{1}{100}$	$\frac{1}{10}$	1	10 倍	100 倍	1000 倍

```
        10倍      100倍   1000倍
1mm  →  1cm   →   1m   →   1km
        100倍      10倍
1mL  →  1dL   →   1L
      1000倍    1000倍
1g   →  1kg   →   1t
```

82　3年生の内容の基礎・基本

単元指導のポイント

第3学年までに学習する単位

長さ	mm, cm, m, km
かさ	mL, dL, L
重さ	g, kg, t

1000mm	10cm		1m	
1000mL		10dL	1L	
			1000m	1km
			1000g	1kg

授業の例

子どもたちが単位の前についている接頭語に着目して，単位の間の関係を統合的に考察することできることをねらった授業である。

黒板に 18 枚の紙を上のように貼る。この紙には裏表がある。10 枚の紙の裏には「1mm, 1cm, 1m, 1km, 1mL, 1dL, 1L, 1g, 1kg, 1t」と書いておく。残りの 8 枚には何も書いていない。

はじめに，「何がかくれているかな」と子どもたちに問いかけて，一人の子どもに 1 枚の紙をめくってもらう。偶然性を楽しみたいので，何がめくられるかはわからない。5 人くらいの子どもがめくれば，子どもたちがいろいろとつぶやき始めるだろう。

例えば，上のようになれば，「一番上の横の列は長さがかくれていると思うよ」「まん中の横の列はかさじゃないかな」などとつぶや

くであろう。そこで教師は「どうしてそう思ったの」と問い返すのである。そうすれば，子どもたちは必ず単位について話し始めていく。

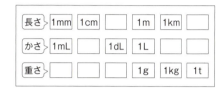

単位の前に接頭語 k（キロ）が付くと 1000 倍になることや 1mm の 10 倍が 1cm になることなど，単位についての理解を深められるようにする。子どもたちが単位の関係について考察した後，白い紙について考えさせるとよい。

日常生活の中にある単位

1mm と 1mL，1km と 1kg が縦に並んでいるのを見て，子どもたちは接頭語に着目するはずである。日常生活の場面など，子どもたちの身の回りでは，様々な単位が用いられている。例えば，水道の使用量には kL，食品の栄養成分を表すのに mg，海外のジュースには cL などがそれにあたる。これらの単位は，メートル法に従って接頭語，m（ミリ），c（センチ），k（キロ）を付けて作られた単位である。これらの単位を見つけたときに，今までに学習した単位とどのような関係になっているのかを統合的に考えられることが大切である。

量と単位

3年
13 長さ
C 測定

(山本良和)

育成する資質・能力

○長さの単位（km）を知り，距離と道のりの意味を理解する。
○長さの見当をつけ，適切に計器を選択して測定することを通して，長さの単位の関係を考察する。

3年生での「長さ」の指導のねらい

第3学年での「長さ」の学習では，測る対象の大きさや測る目的によって，適切な単位を選んだり，使う道具を選ぶか，あるいは測ろうとする物の長さの見当がつけられるようになることがねらいとなる。

既習の長さの単位は，1mm，1cm，1mである。また，10cm，30cm，50cmや10m，50m，100mなどは，実際に物を測ったり，運動会で走ったりする経験を通してその量感をとらえている。これらの長さを基本として，その何倍かで長さの見当をつけることによって，今まで以上に長さの量感を確かなものにしていく。

巻尺の使用

何mもある長さを測ろうとするときには，これまで知っている1m尺などの物差では不便である。実際に長さを測ろうとする時に子どもたちがそのような不便さを感じ，それを克服する道具の必要性を実感することを大事にしたい。必要感を抱いた子どもに巻尺を与えると，長い長さを一気に測れる巻尺のよさを実感する。

なお，巻尺には次のような有用性がある。
①比較的長い直線距離が測定できる。

②木の幹などの丸い物の周りの長さが測定できる。

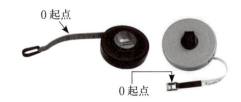

また，巻尺には上写真のように0（起点）の異なる様々な形状のものがあることにも気をつけて指導する必要がある。

そして，何よりも実際に巻尺を使って長さを測定する活動を充実させることが重要である。測定する技能の習得は勿論のこと，長さの量感を養うためにも自分の手で測定する体験が欠かせない。

だから，例えば，紙飛行機が飛んだ長さを競うような場面であれば，長さを測る必要感があるので，子どもは正確に測定しようとする。また，子どもが作った紙飛行機はまっすぐ飛ばないので，飛んだ長さを指導するときに，どこからどこまでの長さを測ればよいのかということが問題となる。ここで，距離という意味を指導する。紙飛行機を飛ばした足元から着地点まで巻尺をピンと張って測定することを通して「2つの場所の間をまっすぐに測った長さ」を距離ということを教える。

単元指導のポイント

長さの単位の関係

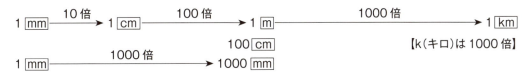

長い長さを調べる

巻尺を用いた長さの測定を体験した子どもは，もっと長い長さを測ってみたくなる。そのような機会をとらえて，例えば，**学校の周りの長さはどのくらいになるだろう，あるいは，自分の家から学校までの長さはどのくらいであろうといった問題を設定していく**。そして，この段階で例えば，下図のような地図を提示し，実際に歩いた道のりを確認するとともに道のりと距離の意味の違いを確認する。

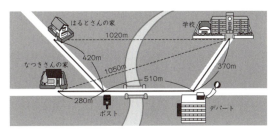

また，長い長さでも加法や減法を用いることができるということを理解させるとともに，正しく計算処理できる技能を習得させるようにする。このとき，1000 m を超えた場合に，「1 km＝1000 m」ということを指導すると，単位の意味や単位の関係が理解できる。

ただし，1 km を指導する場合，それは1000 m であるとか，100 m の10倍の長さであるということを覚えるだけでは意味がない。大事なことは，新しい単位で表現された1 km という長さを，実感することである。

だから，教室から外にとび出して実際にその長さを工夫して調べる活動が大事になる。

例えば，**1 km は，ある学校では200 m トラックの5周分であったり，また，あるところでは学校の周りの道路のちょうど1周分であったりするであろう。こんな実際の測定活動**が，子どもの頭の中に1つのエピソードとして残るのである。

また，実際に巻尺などを使えないような長さ，例えば**自分の家から学校までの長さを測る場合に，自分の1歩分の歩幅を測り，その何倍かを調べるような歩測を工夫した長さの測り方として試みてみる**と楽しい学習ができる。長い道のりを実際に自分の体で経験することによって，実態のある量感が子どもに備わるようになり，結果として「km」と「m」の単位の相互関係の理解もはっきりとしたものになってくる。

それは，例えば「1 km 360 m ＋ 2 km 850 m」の加法場面で，「1360 m ＋ 2850 m ＝ 4210 m ＝ 4 km 210 m」と考えたり，「1 km ＋ 2 km ＝ 3 km，360 m ＋ 850 m ＝ 1210 m ＝ 1 km 210 m，だから 4 km 210 m」という複数の処理の仕方を発想する源にもなってくる。

― 3年 ―
14
C 測定
重さ

（中田寿幸）

育成する資質・能力

○重さの意味や，単位と測定の意味について理解し，はかりを用いていろいろなものの重さを測定することができる。

重さは目に見えない量

重さは長さやかさと同様に量である。したがって，長さやかさの測定の場合と比較して考えさせていくとよい。

しかし，長さやかさとは違って，重さはその量が直接目に見えない量である難しさがある。そこで，見た目や手に持った感覚では判断できない場合が出てくる場面で，天秤や秤などを使って比較させていく。そして，重さを目で見て判断できるような量に置き換えて比べさせ，単位のいくつ分かで量れることがわかり，重さを数値化して整理していけるように学習を組んでいくことが必要になってくる。

重さの測定の指導の過程

（1）直接比較による測定

直接手で持って，感覚で2つの重さを比較する。感覚だけでは比べられなくなったときに，天秤の必要性が出てくる。

（2）間接比較による測定

直接比較を繰り返せば，重さを比べることはできるが，重さを比べるものの数が増えてくると，「AよりもBが重くて，BよりもCが重い。だからCはAよりも重い」のようにAとCを直接比べなくても，Bを媒介にして，

間接的にAとCを比べる場面が出てくる。

（3）任意単位による測定

重さ比べをしていく中で，重いものを比べるときに，軽いものを単位として，そのいくつ分で表すことができる。

「四角い積木はブロック10個分，三角の積木はブロック11個分」のようにである。

任意単位で測定すると，重さを比べるものが増えていっても，数値で表すことで，直接，間接的に比べる必要がなくなっていくよさがある。

（4）普遍単位による測定

世界中どこでも比べることのできる単位として普遍単位を教える。始めは身の回りの小さいものを量り，少しずつ大きくしていく。1000gを越えるものを量ったときに，新しい単位として1kgを教える。

子どもたちはg，kgの単位は生活の中で目にし，耳にしている。身体測定で自分の体重が何kgなのかも毎年量っている。しかし，量感はほとんどない。

t（トン）についても「重い重さを表す単位」として子どもは聞いたことはある。3年生が何人ぐらいで1000kgになるのかをおおよその計算をしてみるとどれだけ重たいのか

86　3年生の内容の基礎・基本

単元指導のポイント

写真のはかりの 7.5 kg のように，小数で表示されているはかりがある。また，はかりには，そのはかりで最大に量れる量「ひょう量（秤量）」が示されている。また，1目盛りが何 g なのかは「最小目盛り」や「目量」という言葉で示されている。

がわかる。3 年生の平均体重は 30 kg ぐらいである。30 人以上の合計なのである。

重さを量るものをだんだん重くしていく中で，実感を持ちながら，重さの単位を理解していくように学習を組んでいくとよい。

重さの量感を育てる

（1）およその見当を付ける

はかり等でものの重さを量る前には，持ってみて，重さの見当を付けてから，量るようにする。重さの量感が育っていく。

ものの重さを正確にはかりで量る活動はできるようにさせたい。しかし，**いつもものの重さを量るのではなく，ときには，重さを指定して，その重さになるものを探**

し出したり，指定した重さになるように複数のものを合わせたりしていく活動もするとよい。その際，「辞書が 820 g で，筆箱は 350 g だから……」のように，事前に量ったものの重さを合わせて，見当を付けていく子どもが出てくる。この活動は量は加法できることを意識させ，式を使って計算できることにつなげていくことができる。

なお，指定する重さは，最初は 200 g，1 kg 500 g のように，大きな目盛りを指定していく。例えば 860 g，次に 735 g，そして 648 g のようにだんだん細かく指定していくことで，細かい 1 目盛りが何 g になっているのかを読む活動を組んでいくとよい。

また，はかりによっては表示に 1.5 kg のように小数で表されているものもある。100 g＝0.1 kg が目盛りいくつ分になるのかを考え，小数にも変換できるように活動を組むことができる。

（2）理科の授業との関連

学習指導要領「理科」では，A 物質・エネルギー領域の（1）物と重さの内容は次のようになっている。

粘土などを使い，物の重さや体積を調べ，物の性質についての考えをもつことができるようにする。

ア　物は，形が変わっても重さは変わらないこと。
イ　物は，体積が同じでも重さは違うことがあること。

理科では，重さの学習は「粒子」についての基本的な見方や概念を柱とした内容のうちの「粒子の保存性」にかかわるものとの見方をしている。繰り返しものの重さを量り取る技能を身につけることや，物は形が変わっても重さが変わらないなどの学習は理科との関連を図るようにする必要がある。

─ 3年 ─
15 Dデータの活用
表と棒グラフ
（森本隆史）

育成する資質・能力

○分類の項目を選び，データを分類整理し，表に表したり，表を読んだり，棒グラフの特徴や用い方を理解したりすることができる。

○データを整理する観点に着目して，日常生活の事象について表や棒グラフを用いて考察して，その特徴や傾向について捉える。

子どもたちは第2学年のときに，○などを並べて数量の大きさを表したグラフについて学んでいる。表については，観点が一つの簡単な表について学んでいる。第2学年のときには，このような表やグラフから，どの項目の個数が一番多いかなどの特徴を読み取ってきた。

第3学年では，身の回りにある事象について観点を定め，データを分類整理して表や棒グラフに表し，データの特徴を捉えて考察したり，見いだしたことを表現したりできるようにすることをねらいとしている。

データの分類整理と表

日時や曜日，時間や場所などの観点から分類の項目を選び，目的にあった方法で整理して，表を用いて表したり，表を読んだり，表の意味を理解したりすることが大切である。

二次元の表

日時や場所など一つの観点で作った表をいくつか組み合わせて一つの表にまとめた簡単な二次元の表も第3学年では扱う。

しかし，子どもたちにいきなり二次元の表を与えるのではなく，はじめは同じ観点で作った表をいくつか見せて，子どもたちから，「全部書くのは面倒くさいよ」「合体させることができると思う」というアイデアを引き出すように心がけたい。

かし出した本の数（5月）

しゅるい	数（さつ）
ものがたり	16
でんき	7
ずかん	9
そのた	6
合計	

かし出した本の数（6月）

しゅるい	数（さつ）
ものがたり	21
でんき	17
ずかん	23
そのた	8
合計	

かし出した本の数（7月）

しゅるい	数（さつ）
ものがたり	35
でんき	22
ずかん	11
そのた	17
合計	

そのためには，まず，上のように3つの表を子どもたちに見せて，「この3つの表を比べて同じところとちがうところをみつけましょう」と問いかける。同じところは，「表題の途中まで」「しゅるい」「数（さつ）」「ものがたり」「でんき」「ずかん」「そのた」「合計」だと気付くだろう。ちがうところは「5月」「6月」「7月」と気付く。そこで，「今からこの表と同じ表をノートに書くよ」と投げかける。ここで，「えっ，全部書くのは面倒くさいな」というつぶやきが出るのを期待する。「そうだね。何かいい方法はないかな」

かし出した本の数

月 しゅるい	5月	6月	7月	合計
ものがたり	16	21	35	72
でんき	7	17	22	46
ずかん	9	23	11	43
そのた	6	8	17	31
合計	38	69	85	192

88　3年生の内容の基礎・基本

単元指導のポイント

第3学年の統計的探究プロセス

「問題→計画→データ→分析→結論」という統計的探究プロセスだが，低学年までは「問題」「計画」「結論」の部分はそれほど重視されていない。データを整理して，その特徴を捉えることを中心に行ってきた。中学年からは，身近な題材から「問題」を設定する活動やデータをどのように集めるのか「計画」を立てることも徐々に扱っていく。

と問い返す。そうすることで「合体させて，本の種類は1回だけ書くようにすればいいよ」という考えを引き出したい。どのように合体させることができるのかを子どもたちと考えて左のページのような二次元の表を完成させる。そして，合計に入る数値はどこに着目して計算をすればよいのかなど話し合い，表を完成させる。

棒グラフの特徴

棒グラフは数量の大きさを棒の長さで表したグラフである。

棒グラフは，数量の大小を一目で見ることができる。さらに，それぞれの数量の差を読んだり，最大値や最小値を捉えたり，項目間の関係や全体的な特徴や傾向を読み取ったりすることがしやすいという特徴がある。

棒グラフに表す

まず，観点を決めて資料を集めて整理する。そして，棒グラフの横軸には項目，縦軸には数量の大きさをかく（次のグラフのように，横軸と縦軸が逆になる場合もある）。縦軸には一番多い数量がかき表せるように，1目盛り分を考えて，5，10などの数字をかく。表題も書く。棒グラフでは，「その他」以外は大きさの順に並べるのが普通である。しかし，曜日や学年など，時間的・習慣的な順序などがある場合は，その順にする。

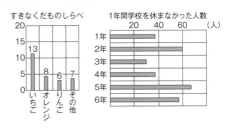

表や棒グラフに表して考察する

子どもたちの身の回りにある解決したい問題に応じて，観点を決めてから表や棒グラフに表したときに，子どもたちが「表や棒グラフに表すと，データの特徴や傾向がわかってきた」と感じられるような体験をさせることが大切である。

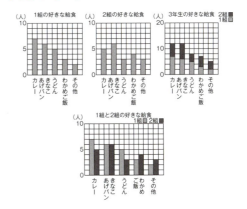

上のグラフのように，1組と2組のデータを合わせた棒グラフや1組と2組のデータを横に並べた棒グラフなどを1組だけ，2組だけの棒グラフと比べることで，子どもたちが考察することは変わってくる。いくつかのグラフを見せることでも，子どもたちが見いだしたことを表現できるように体験させたい。

表と棒グラフ　89

― 4年 ―

01

Ⓐ数と計算

大きな数

（盛山隆雄）

育成する資質・能力

○億，兆の単位について知り，十進位取り記数法についての理解を深める。
○大きな数の大きさの比べ方や表し方を統合的に捉えることができる。

大きな数の学習の重点

子どもに億や兆の単位の意味は次のように教える。

> 億…1000万の10倍の数の表し方。
> 兆…1000億の10倍の数の表し方。

そして，命数法のポイントとして次のことに気づかせる。

> 一，十，百，千をそのまま繰り返して用い，4桁ごとに，万，億，兆という新しい単位を取り入れる。

4年生では，十進位取り記数法についてまとめるが，その基本原理はつぎのようなことである。

> ◆ 各単位の個数が10になると新しい単位の1に置き換える。（十進法の考え）
> ◆ 数字の位置の違いによって各単位の大きさを表す。

この記数法の仕組みによって，どんな大きな数でも，用いる数字は0，1，2，3，4，5，6，7，8，9の10個で表すことができる。

4年生の大きな数では，一，十，百，千という4桁の数のまとまりに着目し，それが命数法として万，億，兆といった単位を用いて表されることを使って，大きな数の唱え方や表し方を考えていく。

大きな数の授業の導入

―子どもの言葉を活かした展開―

大きな数の学習に，世界の国々の人口を教材にする場合がある。その場合，最初から国々の人口を順に紹介し，「億」の単位を使う数を見せて新しい単位を教えるのでは，子どもたちに考える場面がない。

そこで，子どもたちが今までの大きな数の学習を基にして考える場面や気づく場面を作るために，次のような授業を行った。

オランダ，韓国，日本，アメリカ，ブラジル，オーストラリアの6か国の名前を書いた長方形のカードを黒板に提示して，次のように問うた。

「人口が多い順に並べてみよう」

みんなの意見を聞きながら，人口が多いと思う国からカードを並べてみた。

次のページのように並べたカードを，下から順に裏返していった。実際の授業では，オーストラリアは広いので，人口が多いと予想する子どもが多かった。3番目ぐらいに予

90　4年生の内容の基礎・基本

単元指導のポイント

　大きな数は，3桁ごとに「，」で区切って表す方法がある。例えば英語を用いる場合，命数法が次のようになっているため，3桁区切りの表し方は数が読みやすくなっている。

1,000	⇒	one thousand（千が一つ）
10,000	⇒	ten thousand（千が10個）
100,000	⇒	hundred thousand（千が100個）

想していたが，カードを開いて，人口の数値を読みながら修正していった。

アメリカ

ブラジル

| 127288419 | （日本） |

| 49232844 | （韓国） |

| 20600856 | （オーストラリア） |

| 16645313 | （オランダ） |

　千万の位までの数は既習である。「一億」という数は，3年生のときに学習しているが，一億を超える数の読み方や書き方，仕組みについては，未習となっている。日本の人口を見たとき，子どもたちから反応があった。

「あれっ，桁が違うよ！」

という声が上がったのである。そのときに

「桁が違うってどういうこと？」

この問い返しに対して，次のような言葉が子どもから返ってきた。

「1000万の位の次の位があるってこと」

「1000万の位の10倍の位があるってこと」

このような子どもの説明を引き出してから，「千万の10倍の数を1億といいます」として，改めて1億という数の意味を確認した。

　続いて，ブラジル，アメリカと，人口を確認していったとき，子どもから次のような意見が出た。

「縦に線を引けば，人口がわかりやすいよ」

　そこでチョークで線を引いてもらったところ，その子どもは，4桁ごとに色を変えて引いた。このときに，次のように問い返しをした。

「○○さんは，どうして4桁ごとに色を変えたのかな？」

　この問い返しによって，クラスの全員が一，十，百，千の4桁の数のまとまりに着目し，4つの位ごろに新しい単位を用いて数を表していることに気づいたのである。

大きな数と日常生活

　新聞や社会科の資料などから算数で学習した億や兆といった単位を用いた大きな数を探してみる活動がある。どんな内容について大きな数が使われているかを整理してみると面白い。億や兆よりも大きな単位を使わなければ読めない数に出合うことがあると，自ら単位を調べる等，大きな数に興味関心を持つことになる。この単元での学習を生活や学習に活かそうとする態度を育成したい。

4年 02 Ⓐ数と計算 わり算の筆算

（盛山隆雄）

育成する資質・能力

○除数が1位数や2位数で被除数が2位数や3位数の場合の計算の仕方を考え，それらの計算について，筆算の仕方を理解する。また，計算の性質を見いだすことができる。

子どもの考えた計算の仕方を基に，筆算の仕方を考えていく

筆算の仕方は，数や演算の意味に基づいて理解させることが大切である。

> 96まいの折り紙があります。この折り紙を4人で同じ数ずつ分けると，1人分は何まいになるでしょうか。

このような問題の計算の仕方を考える際，子どもは次の場所で悩む。

| 10のまとまりがわり切れないけど，どうしたらいいのかな。 |

3年生までの既習が84÷4のような計算で，位ごとにわけて計算すればうまく処理できていたため，素直に考えればここで困難を感じることになる。

このとき「では96をいくつといくつにわければうまくいくのかな？」というような問いかけをして，96を80と16にわければよいという発想を引き出す。そして，次のように計算処理をする。

80÷4＝20　16÷4＝4

20＋4＝24　**この計算の仕方を，図を用いて説明することで確かに理解することが大切である。**筆算の仕方は，子どもの考えた計算の仕方に基づき，図を用いて1つ1つの手順の意味を理解しながらつくることが重要である。

①まず，1人20枚ずつ配る。
合計20×4＝80で80枚配ると，残りが16枚になる。

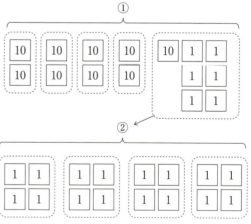

②次に1人4枚ずつ配る。
4×4＝16　これで96枚を4人に等分できたことになる。
1人分は24枚が答えになる。

単元指導のポイント

わり算の筆算は，国によって書き方が異なるが，基本的な原理は同じである。

カナダ	ドイツ	インド	イギリス
46)9 45 5 1	46:9=5 45 1	9)46(5 45 1	5 r 1 9)46 9×5＝45 45 1

仮商を立てる

257÷36 といった÷2桁の筆算になると，どの位から商が立つのか，仮商をいくつにすればよいのかで迷ったり，疑問に思ったりする子どもがいる。

例えば，どうして十の位に商を立てることができないのか，という疑問について考えてみる。もし十の位に一番小さい1を立てたとすると，36×10＝360 という意味になる。これでは 257 を超えてしまうので十の位に商を立てることはできない。筆算は形式的に指導しがちだが，適宜意味にもどって考えてみることが大切である。

仮商の立て方は，最初は切り捨てで行うのがわかりやすいが，慣れてきたら四捨五入を使うなど，子どもの実態に応じて行わせる。

例えば，92÷36 の仮商を立てる時に，切り捨てを使えば90÷30 と考えて一旦3とするが，大きいので2に修正する。四捨五入を使えば，

$$14)\overline{57}^{3}$$
$$\underline{42}$$
$$15$$

90÷40 と考えて2を立てることができる。

よくある間違いとして，次のように筆算をしてしまうことがあるので，わる数とあまりの関係について注意させたい。

筆算の習熟

単純に反復練習をするだけでなく，同時に数学的な見方・考え方を育てる授業例を紹介する。

112÷4 の答えは 28 である。この計算を筆算で計算させた後に，次のように問うた。

「百の位を 2，3，4，5……9 と変えて計算した場合，すべてわり切れるでしょうか？」

予想してから筆算をしてみると，結局次のようにすべてわり切れたのである。

この結果を見て，なぜすべてわり切れたのかを考える展開になった。100÷4＝25 なので，わられる数が 100 ずつ増えても商が 25 ずつ増えるだけで，必ずわり切れることを理解した。

112÷4＝28
212÷4＝53
312÷4＝78
412÷4＝103
512÷4＝128
612÷4＝153
712÷4＝178
812÷4＝203
912÷4＝228

次に，十の位や一の位を 2，3，4，5……9 と変えていった場合，すべてわり切れるかについて考えた。

これは筆算の形式的処理だけでなく，意味を考えて計算することで，数学的な見方・考え方も働かせる授業である。

わり算の筆算　93

― 4年 ―
03 Ⓐ数と計算
（夏坂哲志）

およその数

育成する資質・能力

○概数について理解し，目的に応じて概数を用いたり，概算したりすることができる。
○四捨五入や切り上げ，切り捨ての意味とその方法を理解する。
○解決の目的に合わせて，数の処理や表現の仕方を判断したり振り返ったりしようとする。

概数

概数は，国の人口や予算，スポーツ観戦者数…のようにある事柄をわかりやすくするために，実際の値を目的に応じて，ある位までまるめて表した数（round number）である。ただし，概数は，不正確な数ではないことに注意したい。

子どもは，数はきちっと表すべきものだと思っている傾向があるので，目的によっては「およそ～」「約～」で表す方がよい場合もあることを理解させたい。

四捨五入，切り捨て，切り上げ

概数の取り方には，右頁の上に示すように，「四捨五入」「切り捨て」「切り上げ」の3つがある。

ここでは，「四捨五入」の考え方に重点をおいて指導することになるが，実際場面では，「切り上げて表す方がよい」というような場合もある。

例えば，「全員に何かを配るために，およその人数を知りたい時には，不足すると困るので，実際の数よりも多く伝えてもらう方がいいね」ということになるだろう。

ただ機械的に処理をする方法を教えるのではなく，意味のある場面で，それぞれ方法の

よさを具体的に理解させるようにしたい。

どの位を四捨五入するか

「四捨五入」は字のごとく「4以下は捨てて5以上は入れる」わけだが，「どの位の数を四捨五入すればよいか？」で戸惑う子も多い。それは，練習問題などの問い方には様々な指示の仕方があるからだ。

次の3つのパターンが見られる。

①百の位を四捨五入して，概数にしましょう。
②四捨五入して，千の位までの概数にしましょう。
③四捨五入して，上から2桁の概数にしましょう。

①と②は，どちらも百の位の数を四捨五入し，③は，上から3桁目を四捨五入して概数を求めることになる。どの数を四捨五入すればよいかということに着目させて，正しく処理できるようにさせたい。

なお，小数で③のように問われた場合は，次のような答えになるので，注意させたい。

$$4$$
$$1.38\cancel{2} \qquad 0.38\cancel{2}$$
$$1 \qquad\qquad 40$$
$$0.30\cancel{6} \qquad 0.39\cancel{7}$$

94　4年生の内容の基礎・基本

単元指導のポイント

切り捨て：求める位未満を全て0と見なす。
例) 4215 も 4285 も百の位未満を切り捨てると 4200

切り上げ：求める位未満が0以外であれば，全て求める位の1と見なして，求める位の数を1大きくする。
例) 4215 も 4285 も百の位未満を切り上げると 4300

四捨五入：概数にする時，求める位の1つ下の位の数が0，1，2，3，4の場合には切り捨てて，5，6，7，8，9の場合には切り上げる求め方。

導入場面の指導例

箱の中にたくさん入った積み木を子ども達に見せると，口々に「うわあ，たくさんある」「何個あるの？」と言い始める。この言葉を受けて，「何個あると思う？」と尋ねる。

すると，「2000個ぐらい」「だいたい3000個」「いや，およそ4000個はあると思うよ」のような答え方をする。（一の位まできちんと答えなければならないと思っているようだったら，「およその数でいいよ」と言ってあげてもよい。「およそ～」「だいたい～」「約～」といった言い方は，子どもたちは日常語として知っているはずである。）

ここで，「約1000個」「約2000個」……のように，1000個刻みで子どもたちの予想を聞いた後，「これから実際に個数を数えて，誰の予想が当たっていたかを調べます。数える前に確認しておきたいのですが，例えば『約3000個』が正解と言える範囲は，何個～何個と考えればよいですか？」と問う。

子どもたちから，「2500～3500個」という意見は割とすぐに返ってくるが，問題となるのは，「ちょうど2500個は，『約2000個』と『約3000個』のどちらに入れるか（同様に，3500個をどうするか）」である。

最後は，「四捨五入」というまるめ方があって，「2500は約3000」「3500は約4000」になることを教えるわけだが，子どもの考えをいろいろと聞いてみるとよい。

例えば，「0からいくつ数があるかを数えていくと，0が1個め，1が2個め……となり，500個めが499になるから，そこまでを1つのまとまりにするとよい」とか，「0, 1, 2, 3, 4で5個，5, 6, 7, 8, 9で5個となり，5個ずつに分けられるから，そこで区切るとよい」というような考えが出される。このことを，数直線を使って説明する子もいる。

このようにして，「約3000個」の範囲は，「2500～3499」であることを約束し，「四捨五入」の方法や用語を教える。

また，「2500～3499」の範囲を**数直線上で確認する**とともに，「2500以上，3499以下」とか「2500以上，3500未満」という言い方があることも知らせるとよい。

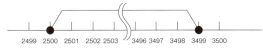

ここで示した事例以外に，町の人口やスポーツ観戦者数などを扱うことも多い。**人口を棒グラフで表す場面において，概数を用いる必要感を持たせる**指導も考えられる。

— 4年 —

04 式と計算

Ａ 数と計算

（山本良和）

育成する資質・能力

○四則の混合した式や（　）を用いた式について理解し，計算の順序に従って正しく計算することができる。

○四則に関して成り立つ性質についての理解を深め，性質を活かして計算の仕方を考える。

総合式で表すよさ

本単元では，四則が混合した総合式や，（　）を使った総合式を扱い，総合式で表すよさを意識させる。

例えば，「240円のノートと100円の消しゴムを買って500円払いました。おつりはいくらになるでしょう」という問題場面を立式すると，次のような考えが現れる。

【分解式】

① 240＋100＝340，500－340＝160

② 500－240＝260，260－100＝160

【総合式】

③ 500－（240＋100）＝160

④ 500－240－100＝160

このとき子どもは，すぐに③は①を，④は②を1つの式に表した式だと気づく。

また，買い物場面で「出したお金－代金＝おつり」という構造になっているのは③の式であるということにも目が向く。それは問題場面を（　）を使って簡潔に1つの式にまとめているからであり，それが（　）を使うよさでもある。同時に子どもは，具体的な文脈を根拠として（　）の中を先に計算するという計算の順序も素直に理解することができる。

さらに，「□－（○＋△）」となるような問題づくりを行うと，総合式の意味理解と（　）のある計算の順序に関する理解が深まる。

なお，答えを求める上では①②のような分解式でもよい。大事なことは，1つの式にすると簡潔である，あるいは（　）を使うと意味が分かりやすいというような総合式のよさに気付かせることである。

計算の順序のきまり

計算の順序には次のような約束事がある。

(1) 左から順に計算する。

(2) （　）の中を先に計算する。

(3) ×，÷を＋，－より先に計算する。

これらについては，「計算のきまりだから覚えなさい」と指導し，子どもに定着を図るという考え方もある。しかし，具体性を持たせて指導する方が素直な子どもの考えをもとにした理解を促すことができる。

前述の買い物場面は，(2)の「（　）がある計算」の順序について具体的に考える例であった。同様に(3)のきまりについても，「50円のチョコレートを3個買って500円払いました。おつりはいくらでしょう」と問えば，子どもは⑤「500－50×3」や⑥「500－（50×3）」と立式する。そして，具体的な文脈を根拠として「50×3」の計算を先にす

96　4年生の内容の基礎・基本

単元指導のポイント

四則に関して成り立つ性質（第4学年では□や△などの記号を用いて一般化して表す）

交換法則　［加法］　□＋△＝△＋□　　　　　　　　［乗法］　□×△＝△×□
結合法則　［加法］　（□＋△）＋○＝□＋（△＋○）　［乗法］　□×（△×○）＝（□×△）×○
分配法則　□×（△＋○）＝□×△＋□×○　　　　　　　　　　□×（△－○）＝□×△－□×○
　　　　　（□＋△）×○＝□×○＋△×○　　　　　　　　　　（□－△）×○＝□×○－△×○

るのが当然だと考える。ただし，⑤と⑥に対する優劣の判断を子どもが下すことはできない。だから，この段階で「＋，－と×，÷では，×，÷を先に計算する」という約束事を指導する。数学になると「×」と「÷」の記号が消えていくが，その指導はここから始まっているということを意識しておきたい。

四則に関して成り立つ性質

第4学年で扱う四則に関して成り立つ性質は，上に示した「交換法則」「結合法則」「分配法則」の3つである。これらを数字だけで説明しても，子どもは具体的なイメージを持つことができない。だから具体的な場面に即して理解させるように配慮する。特に**乗法の結合法則や分配法則は，アレイ図などを用いて指導する**ことが望まれる。

例えば，右図のアレイ図の○と●の総数を求める場合，次のような考えが現れる。

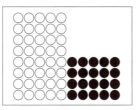

【図①】（4×5）×3
そして，矢印のように○を移動させると図②になる。

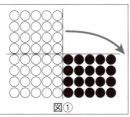

図①

【図②】よって，「(4×5)×3＝4×(5×3)」という「結合法則」が成立する。

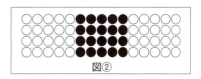

図②

【図③】これは，「分配法則」を示している。
8×5＋4×5＝(8＋4)×5

①，②，③はどれも総数を工夫して求める考えである。

なお，**分配法則が成り立つ場合と成り立たない場合（図④）を対比させ，分配法則が成り立つ条件を整理する活動**も大事にしたい。

図③

また，四則に関して成り立つ性質のよさを実感できるのは，「25×36＝25×(4×9)＝(25×4)×9」や「98×32＝(100－2)×32＝100×32－2×32」のように，一般の計算処理に使えたときである。簡単な数値だけで性質を扱うのではなく，実際に活用する活動も重要である。

縦も横も個数が違って揃えられない

図④

式と計算　97

05 小数のかけ算

4年 　Ａ数と計算 　　　　　　　　　　　　（盛山隆雄）

育成する資質・能力

○数の表し方の仕組みや数を構成する単位に着目し，乗数や除数が整数である場合の小数の乗法及び除法の計算の仕方を考えることができる。

小数×整数の計算の仕方

4年生では，小数×整数について学習する。

3年生までに学んできたかけ算の意味は，1つ分の大きさが決まっているとき，そのいくつ分かに当たる大きさを求める場合に用いられる演算として定義されていた。つまり，同数累加を意味として指導してきたのである。

0.2×6といった小数×整数の計算は，そのかけ算の意味と0.2という小数の意味に基づいて考えられるものである。

① 同数累加の意味に基づいて考えると次のように計算することができる。

0.2×6＝0.2＋0.2＋0.2＋0.2＋0.2＋0.2
　　　＝1.2

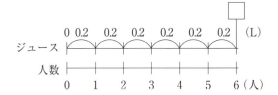

② 0.2は0.1が2個分という小数の意味に基づいて考えれば，0.1の個数が，（2×6）個分となる。2×6＝12　0.1が12個なので

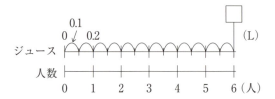

答えは1.2となる。

③ かけられる数を10倍にして整数×整数にして計算すると，元の式の答えの10倍になる。だから，整数×整数の答えを÷10にして元の式の答えを出す。（かけ算の性質の活用）

$$\begin{array}{c} 0.2 \times 6 = 1.2 \\ \times 10 \downarrow \quad \uparrow \div 10 \\ 2 \times 6 = 12 \end{array}$$

①と②の計算の仕方については，説明時に図を用いることによって，理解を深めることが大切である。

計算を繰り返すうちに，①〜③の方法でどの方法が簡単に答えを出すことができるかを検討し，洗練していくようにする。

小数×整数の筆算

今まで整数×整数の世界では筆算を使って計算することを習熟してきた。その文脈からすれば，たとえば3.2×4や4.8×29といった小数×整数の計算も筆算でやってみようとするのが自然である。

その筆算の仕方については，「小数×整数の計算の仕方」の①〜③が基本にある。

例えば，3.2×4を筆算で行うとき，まず子どもたちはどのように式をかくだろうか。

単元指導のポイント

　積の下の位が０の場合，小数点を打つ位置を間違えやすいので，注意が必要である。

$$
\begin{array}{r}
\times \quad 1.35 \\
\times \quad 4 \\
\hline
0.540
\end{array}
\qquad
\begin{array}{r}
\bigcirc \quad 1.35 \\
\times \quad 4 \\
\hline
5.40
\end{array}
$$

$$
\begin{array}{cc}
① & ② \\[4pt]
\begin{array}{r} 3.2 \\ \times\ 4 \\ \hline \end{array}
&
\begin{array}{r} 3.2 \\ \times\ 4 \\ \hline \end{array}
\end{array}
$$

　おそらく小数の加減の筆算の経験から，位をそろえて①のように書く子どもがいるだろう。

　その際は，このように書いた理由を聞いて，既習から類推した考えを認めてあげることが大切である。

　その上で，この２つの筆算の書き方は，どちらの方が今まで考えてきた計算の仕方と合っているか考えてみる。

　例えば0.1の個数を求める考えでいけば，3.2×4は，0.1が（32×4）個分。32×4＝128。0.1が128個分だから，答えは12.8になる。この場合だと32×4をするので，②の書き方が整数の32×4の形と合っている。

　例えば，かけ算の性質を使う場合は，3.2×10＝32，32×4=128，128÷10＝12.8。やはり，32×4をするので，②の形の方が自然である。

　もし0.347×28といった計算をする場合は，①の書き方だと，明らかに計算しづらいことがわかる。

$$
\begin{array}{r} 0.347 \\ \times\ 28 \\ \hline \end{array}
$$

　小数×整数の筆算で気を付ける必要があるのは，小数×整数の場合は，整数×整数で

　計算した積に小数点をつけるとき，小数点をそのまま下におろせば正しい答えがでる点である。

　しかし，3.2×4.8といった小数×小数では答えを÷100（$\frac{1}{100}$）にするため，小数点をそのまま下のおろしたのではうまくいかない。

$$
\begin{array}{r}
3.2 \\
\times \quad 4.8 \\
\hline
2\,5\,6 \\
1\,2\,8 \quad\ \\
\hline
1\,5\,3.6
\end{array}
$$

　小数点を打つ際は，かけられる数を10倍したから答えを÷10（$\frac{1}{10}$）にするといった意味を確認しながら処理することが重要である。

小数×整数の習熟

　習熟の授業を１つ紹介する。

　「小数×整数で積が１になる式を作ろう！」

　という遊びである。小数が書いてあるカードを用意して裏にして黒板に提示する。引いたカードにいくつ（整数）をかければ１になるかを考える遊びである。

　用意した小数は，0.1, 0.125, 0.2, 0.25, 0.4, 0.5である。試行錯誤しながら積が１になる式を作るが，0.4はどんな整数をかけても積が１にならない。その展開から「２だったらできるのに」という言葉を引き出し，今度は２をつくる式を考えていく。１を作った式がヒントになりそうである。

4年

小数のかけ算　**99**

06 小数のわり算

4年 A 数と計算 （盛山隆雄）

育成する資質・能力

○小数の表し方の仕組みや数を構成する単位に着目し，除数が整数である場合の小数の除法の計算の仕方を考えることができる。

小数÷整数の計算の仕方

4年生では，小数×整数に続いて小数÷整数について学習する。その計算の仕方については，小数×整数のときの考え方から類推することができる。

例えば2.4÷3の計算の仕方については，2.4は0.1が24個分の数であることから，24÷3＝8として計算する。この8は0.1が8個という意味だから，2.4÷3＝0.8である。

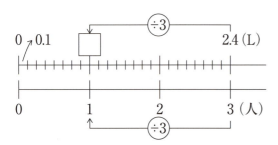

他には，2.4÷3のわられる数を10倍して24÷3＝8という整数÷整数の形にして計算する。この場合，元の式の10倍の答えになっているから，÷10（$\frac{1}{10}$）をして，答えは0.8になる。

$$2.4 \div 3 = \boxed{0.8}$$
$$\downarrow 10倍 \quad \uparrow \frac{1}{10}$$
$$24 \div 3 = 8$$

前述の2つの計算の仕方は，小数×整数の計算の仕方と似ているので，類推的に考えさせることが大切である。

小数÷整数の筆算の仕方

小数÷整数の筆算についても，小数×整数の筆算を考えたときと同じようにそれまでに考えた計算の仕方を基につくることができる。

```
    4.5
 3)13.5
   12
    1 5
    1 5
       0
```

例えば，13.5÷3の筆算を考える場合，13.5を10倍して135。135÷3＝45，元の式の答えは，45の1/10だから4.5と考える。

要は，整数÷整数のわり算の筆算に帰着して考えればよいのである。

ただ，小数点を最後につけると忘れやすいので，上の筆算で言えば，商の4を立てて13-12＝1まで終えた後に小数点をつけておくようにする。商の小数点は，わられる数の小数点の位置と変わらないことを理解させてからそのように洗練していくとよい。

これは，小数×整数の時もそうであった。かけられる数の小数点の位置と同じ位置に小数点を打てば正しい積が得られたのと同じである。小数×整数と小数÷整数の考え方は似ているので，関連づけて扱っていきたい。

| 単元指導のポイント |

小数倍について

　4年生では，ある量の何倍かを表すのに小数を用いてもよいことを指導する。その際，「基準量を1としたときにいくつにあたるか」という拡張した意味で倍を理解させる。例えば5mは2mを1とすると2.5にあたるので，5mは2mの2.5倍の長さとなる。その時の計算は5÷2＝2.5とわり算を用いる。

わり進みについて

　13÷4という計算は，下のように，13を13.000……と考えることによってわり切れるまで筆算をすることができる。

```
        3.2 5
   4) 1 3.0 0
      1 2
      ─────
        1 0
          8
      ─────
          2 0
          2 0
      ─────
            0
```

　そのわり進みを活かして，次のような問題を出した。

| 　□÷7の□に1〜6の数を当てはめて計算します。小数第31位の数字はいくつでしょう。 |

　例えば，1÷7＝0.142857 142857 142857…となる。商は循環小数になるので，小数第31位まで計算しなくてもよい。

　31÷6＝5あまり1だから，142857を5回繰り返して，1桁目の数字が小数第31位の数字である。従って答えは「1」ということになる。

　計算技能の習熟と同時に数学的な見方・考え方を育てることがねらいの授業である。

　さらに□の数を変えて，2÷7にすると，

　2÷7＝0.285714 285714 285714…となる。

　先ほどの1÷7の商の循環節142857の2を先頭にして循環節ができていて，6個の数字は変わっていない。

　子どもにこのことに気づかせ，3÷7はどうなるのかな，4÷7はこうなっているのではないか，と追究していく姿を引き出したい。

あまりのあるわり算について

| 　16.7cmのテープを3cmずつ切ってくじを作ります。くじは何まいできて，何cmあまるでしょうか。 |

　上のような問題で，次のような反応が見られることがある。

①
```
        5.5
   3) 1 6.7
      1 5
      ─────
        1 7
        1 5
      ─────
          2
```

②
```
        5
   3) 1 6.7
      1 5
      ─────
        1 7
```

　上の①の②の筆算は，よくある誤答例である。①は，わり進みを学習しているので，商が小数になるまで筆算を進めてしまっている。②は，あまりの処理が間違っている。

　両方の場合とも，元の問題場面に戻って，検証し，間違いであることに気づかせたい。

　そして，正しいあまりの処理の仕方を，子どもに見出させることが大切である。

07 小数

4年　Ⅰ数と計算　（中田寿幸）

育成する資質・能力

○十進位取り記数法の原理をもとに，端数部分の表し方や計算のしかたを考え，図や言葉を用いて表現する。

小数の表し方としくみ

3学年までに小数第一位の小数までは学習している。その既習のもと，さらに残った端数についても，$\frac{1}{10}$になる位を作っていけば，どんなに小さな端数でも表すことができることを見出させていきたい。

具体的にはペットボトルに入った水の量を測りとる場面で考えていく。

ペットボトルの中の液量が何Lなのか，これが最初の問いである。

Lマスで測りとると，1Lとはしたがあることがわかる。そのはしたを，1Lマスを10等分した目盛りのdLマスで測りとる。すると0.1Lが3目盛り分なら1.3Lとわかる。ここまでは，3年生の復習である。

ここからが新しい学習である。1.3Lとわかったが，まだペットボトルには残りがある。この残りは何リットルになるのか。

1Lを10等分した目盛りで測りとったように，出てきたはしたも10等分して測りとるというアイデアを引き出す。dLを10等分した目盛りで測りとる。 cLの単位は教えなくてもよいが，cLマスは見せておきたい。なければ工作用紙で1cm×1cm×10cmの直方体を作って見せるとよい。このマスの液量は0.01Lということは教えることである。

0.01Lが4つ分で0.04Lとなり，1.3Lと合わせると1.34Lとなる。

このときに，1.3＋0.04という式で表せば，この後に学ぶ小数のたし算の学習になっていく。導入で小数第二位でも式に表せることを示しておくとよい。

さて，1.34Lとわかっても，さらにはしたがあることを指摘する子どももいる。実際にペットボトルを測りとっても「完全には測りとれない」という発言も出る。**小数第一位までで考えた方法をそのままさらに小さい数を表すときも同様に測れると考える子もいる。実際に操作では難しいことも，図で表せば表現できるよさを知ることになる。**

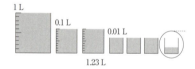

液量だけでなく，長さ（km，mを単位として考える），重さ（kg）の実際の量をイメージしながら，はしたを小数で表すことも学習していく。形式的な単位換算にならないように，実際の具体的な量を表現させながら，豊かなイメージを持てるようにするチャンスである。

単元指導のポイント

量のイメージを持ちながら，1，0.1，0.01，0.001の関係を調べる。

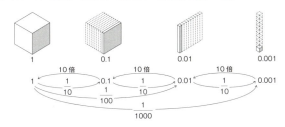

10倍，100倍，1000倍，$\frac{1}{10}$，$\frac{1}{100}$，$\frac{1}{1000}$と小数点の移動で形式的な操作ができるようにすることも必要だが，その際にどのように数が増えたり減ったりしているかのイメージも持てるようにしていきたい。

小数のたし算とひき算

小数もたし算，ひき算ができることは，3年生でも学習してきている。本学年では，小数の範囲が小数第二位，第三位と広がっていくのに合わせて，たし算，ひき算も範囲を広げていく。このときに，長さや重さの実際の量を扱いながら，量のイメージを持たせながら，小数の計算に当たらせたい。

形式的には同じ位をそろえて計算すればよい。小数第一位，小数第二位，小数第三位の位をそろえ，筆算の形式に表すと，位同士を計算する理由がわかってくる。

その際，実際の量をイメージできる図でも表現できるようにしていきたい。

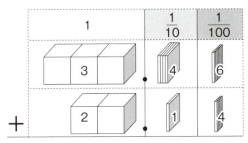

3.46＋2.14の場合，左下のような図を作っていくことで，位同士を計算すればよいことが理解できる。その際，小数点の位置を合わせることで，位がそろうこと，空位があるときには0が入ること，一番小さい位に空位があるときには，0を書かないことも理解できる。形式的に教えるのではなく，量のイメージを持たせながら，必然的にそのように表現できることを理解していける。

交換法則や結合法則の計算のきまりが小数のときにも使えるかどうかを調べる場面も，実際の量をイメージしていくことができる。

整数と同じ十進位取り記数法のよさ

4学年では大きな数を学習してきており，10倍して新しい大きい位を作ることを学んできている。小数も整数と同じ十進位取り記数法で$\frac{1}{10}$にして新しい小さい位を作ってきた。

小数第三位まで学習すれば，その後，第四位，第五位と子どもは広げて考えていける。実際に計算等をする必要はないが，どんなに小さくなっていっても10等分していけば，小さな位を作り，表現できる十進位取り記数法のよさを味わわせていきたい。

4年

小数　103

4年
08 Ⓑ図形 垂直・平行と四角形

(夏坂哲志)

育成する資質・能力

○直線と直線の関係を調べたりかいたりする活動を通して，垂直や平行の関係を理解することができる。
○四角形を，辺と辺との関係や長さに着目して分類し，台形，平行四辺形，ひし形を知る。
○四角形についての観察や構成を通して，それらの性質を見いだす。また，その性質を基に既習の図形をとらえ直す。

垂直・平行

垂直と平行は，どちらも2つの直線の位置関係を表す用語である。

垂直は，直線と直線が直角に交わっている位置関係のことをいい，平行は，1つの直線に垂直に交わっている2つの直線の位置関係のことをいう。

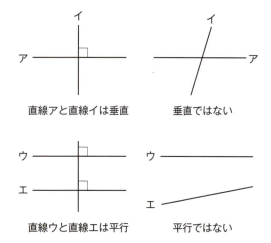

これまでの図形を考察する観点は，直角，直線，辺，角といった図形の要素で表してきた。しかし，垂直と平行は位置関係を表すという点で特に注意が必要である。

垂直と直角を子どもはよく混同しやすいが，直角は2直線がなす形であるのに対して，垂直は2直線の交わり方である。

その違いを理解させるようにしたい。

また，右の図のように2直線が離れている場合，「交わっていない」とか「直角がない」といった理由から「垂直ではない」ととらえる子も多い。直線の関係をとらえる場合，延ばして考えることを知らせて，このような位置関係の場合も「垂直である」ということをおさえておきたい。

授業では，いきなり定義を与えるのではなく，**2直線の様々な交わりの中から，垂直と垂直でないもの，平行と平行ではないものの違いに気付かせ，それらを定義していく**のが望ましい。

なお，**三角定規を使った垂直・平行の作図**については，定規の操作の仕方を理解させる場合に，「なぜ，その方法でかけるのか」を考え，定義と結びつけられるようにしたい。

そのあと，**垂直・平行を使った模様づくり**などをさせて，技能の習熟を図るようにしたい。

単元指導のポイント

垂直：2本の直線が直角に交わるとき，2本の直線は垂直であるという。（2本の直線が交わっていなくても，一方の直線か両方の直線を延ばしたときに直角に交われば垂直）
平行：1つの直線に垂直に交わっている2本の直線は平行であるという。（1つの直線に同じ角度で交わっている2本の直線という見方もできる）
台形：向かい合った1組の辺が平行な四角形
平行四辺形：向かい合った2組の辺がそれぞれ平行な四角形
ひし形：4つの辺の長さがみな等しい四角形

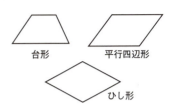

いろいろな四角形

(1) 新しい観点で図形をみる活動

3年生までは，図形をみる観点として，辺や頂点の数，辺の長さ，角の大きさに着目してきたが，4年生ではこれらに加えて，辺の位置関係（平行・垂直）や対角線の長さや交わり方に着目して図形を分類していく活動を行う。

いろいろな四角形の定義や性質を知らせることはもちろん大切なことであるが，その考察する新しい観点も理解させ，今後も使えるようにすることが肝要である。

(2) 体験を通して身につける知識

生きた知識になるように，「体を通して理解する」ことを大切にしたい。実際に辺の長さや角の大きさを測るとか，折る・切る・重ねるといった操作を通してこそ，図形の性質が実感できていくからである。

この単元の導入には，大きく分けて2つがある。

1つは，たくさんの四角形を提示して仲間わけをしていく。つまり，図形の弁別から入るものである。

例えば，次の図のようにいろいろな図形を用意して，子どもたちに自由に仲間分けをさせてみる。あるいは，「あるなしクイズ」のように，左側の仲間にあって右側の仲間にはないものを見つけさせたりする。

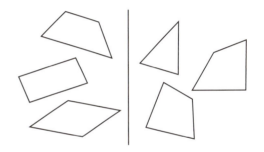

もう1つの方法は，これらの図形をとにかく作ってみることである。そして，その図形の性質を調べていくというやり方である。

例えば，子どもたちに台形を作らせてみると，長方形の紙を利用して切って作ったり，ノートの罫線を活用してかいたりするだろう。それは，そこに平行な辺の存在を意識しているからである。

台形を作る活動の中で，右のような図形に出合い，「これも台形なの？」と感じる場面がある。ここから，辺と辺の関係を調べたり，角度を調べたりしながら，定義についてより深く理解をすることができる。

4年
09 角
Ⓑ図形　　　　　　　　　　　　　　　　　　　　（山本良和）

育成する資質・能力

○角の大きさを回転の大きさと捉え，角の大きさの単位が1度（1°）であるということを知り，角度を正しく測定したり，角を作図したりすることができる。
○図形の角の大きさに着目し，角度に加法・減法を適用したり，角の大きさの相等関係を見出したりする。

量としての大きさをもつ角

第3学年まで，角は1つの点から出ている2つの直線がつくる形として，一般に平面図形の部分として静的にとらえられてきた。第4学年では，そのような形としての角のとらえから量としての大きさをもつ角へとその概念を拡張する。

例えば，厚紙で右のような道具を作り，動かしてできる形が角であるかどうかを判断させる。このとき，

既習の直角は勿論のこと，180°を超えた角や270°を超えた角も「1つの点から出ている2つの直線がつくる形」であるということをもとに角として確認する。つまり，動的に回転させていく中で，量としての大きさをもつ角，即ち回転角を意識づけていく。

このような量としての大きさをもつ回転角は，子どもの日常生活の中でいえば，時計の長針・短針のイメージである。しかし子どもは，右上のような場合に，ⓘの角よりもⓐの角の方に目が向かう。ⓐの角の方が経験的になじみのある角だからである。だからこそ，2つの直線がつくる形は必ず2種類あるということに気付かせるとともに，180°より大きな角の存在を認めさせていくようにする。

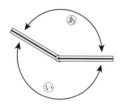

同時に，これら2つの角の和は常に4直角（360°），即ち1回転の角であるということも理解させる。分度器で180°を超える角度を測定する場面でこの考え方が大事になる。

例えば，半径に切り込みを入れた2つの円（2つの色を変えておく）を組み合わせて右のような教具を作

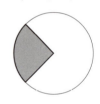

る。**1つの円を回転させると2つの角の大きさは変化するが2つの角の和である円は変わらない**ということを実感する。

なお，**教具の半径の大きさは子どもに自由に決めさせると，角の大きさが半径の大きさに依存しないということも明らかになる。**

ところで，1回転の角は平面全部の角を覆うが，角の最大値は360°というわけではない。角にも量としての加法性が保障されるのは，360°より大きな角度が存在するという考えに基づいている。事実，第5学年で学習する多角形の内角の和では，五角形は540°，六

単元指導のポイント

角の単位……小学校では角の単位として度（°）を扱うが，角の単位はそれ以外にも分（′），秒（″）がある。　1°＝60′（分）　1′＝60″（秒）

角の呼称……角はその大きさによって分類され，次のように言うことがある。
鋭角（0°＜□＜90°），直角（90°），鈍角（90°＜□＜180°），平角（180°），
劣角（0°＜□＜180°），優角（180°＜□＜360°）

角形は720°というように360°より大きな角度を扱うことになる。

分度器の使用

本単元の学習を通して，子どもは角度を測定する道具である分度器と出合う。子どもにとっては初めて用いる道具であり，定規と違って使用方法に戸惑う子どもも多い。だからこそ出合いの場でしっかり指導しなければならない。

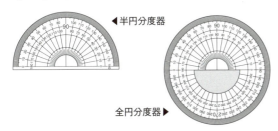

◀半円分度器

全円分度器▶

一般的に用いられる分度器は，半円形で180°まで目盛りがついている。しかし，上のように360°まで目盛りがついた全円分度器もある。

最初は，これらの分度器をしっかり観察させてその仕組みを理解させることを大事にする。特に，「定規と違うところを見つけましょう」と定規と対比させると，次のような分度器の特徴が明確になる。

・目盛りが180°まである。
・同じ目盛りのところに2つの数字が書かれていて，その和が180になる（左右どちらからも測れる）。
・真ん中が90°になっている。
・全ての目盛りが半円の中心につながっている（角の頂点を合わせる位置）。
・外側だけでなく内側にも何か所か目盛りの数字が書かれている。…等

これらの特徴を確認した上で分度器の使用方法を指導すると，測定のために行うそれぞれの行為の意味が理解しやすくなる。

なお，角度の測定や角の作図を指導する場面では，実物投影機等で手元を拡大して見せるなどICT機器を用いると，理解という点で効果的である。

三角定規の角

三角定規の角は，それぞれの形が正方形と正三角形の半分の形（直角二等辺三角形，直角三角形）であるという意味において，それぞれの角度の組み合わせが（45°，45°，90°）と（30°，60°，90°）になっているという事実を確実に習得させたい。

また2つの三角定規を組み合わせてできる角の大きさを検討させる中で，角にも加法や減法が適用できるということを理解させる。また，できる角度が15°刻みになっているという事実の面白さにも気づかせたい。

角　107

10 面積

― 4年 ―
B 図形

（盛山隆雄）

育成する資質・能力

○面積の単位や図形の構成要素に着目し，図形の面積の求め方を考える。
○面積の単位（c㎡, ㎡, k㎡）について知る。

面積の意味と求め方

面積は，単位正方形のいくつ分で求めることができる。その単位正方形が長方形状に並んでいれば，個数を数えるためにかけ算を用いることができる。

そのかけ算の計算をするときの数値は，辺に着目して辺の長さを測定することで決まる。

3 × 4 = 12

その長さが1cmを単位とした長さであれば，面積は1c㎡を単位にして表すことになる。1mを単位とした長さであれば1㎡，1kmを単位とした長さであれば1k㎡を単位として面積を表すことになる。

面積を求める時には，図形の辺の長さに着目するなど，図形の構成要素への着目が必要なことから，面積は図形領域として扱われることになった。

面積と周りの長さ

たとえば次のような問題がある。

「18個のブロックを使って花壇をつくりました。花壇の面積を2倍にしたいと思います。ブロックはいくつ必要でしょうか」

このとき，面積を2倍にするのだからブロックの数も2倍の36個必要だと思うのがミスコンセプション（誤概念）である。

周りの長さと面積に比例関係があるというイメージを持ったためである。

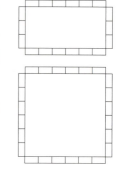

しかし，実際に作業をしてみるとそうはならず，6個増やして24個のブロックで面積は2倍になることがわかる。

面積と周りの長さについては，基本的に依存関係はないが，例えば正方形の面積については周りの長さが長いほど面積が広いという関係が成り立つ。4年生の面積の学習では正方形と長方形を扱うので，誤解されないように注意したい。

図形の見方と面積

4年生では，正方形と長方形の面積の求め方を学習した後に，長方形を組み合わせた複合図形の求積を行う。

その際，次のような授業展開の仕方があるので紹介する。より図形の見方を強調した方法である。

主発問が次のようになる。

| 単元指導のポイント |

・広い敷地の広さを表すときに，単位として使われることが多い東京ドーム。
東京ドーム　　46755㎡（約4.7ha。正方形に換算すると，1辺216mの正方形）
ディズニーランド…東京ドーム10.9個分
皇居　　　　　…東京ドーム25個分

「次の形の面積を求めるには，どこの辺の長さがわかればいいですか」

この発問は，この図形をどう見るかを問う発問である。

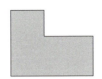

例えば，右図の4辺の長さが知りたいと言ったら，この図形を2つの長方形と見て求めようとしていることがわかる。

計算して面積を正しく求めること以上に，図形をどのように見て求めようとするのかを議論の対象にするための授業展開である。

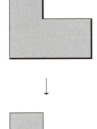

その他にも次のような辺への着目が考えられる。

3つの求め方とも，4辺の長さが分かればよいことが共通している。

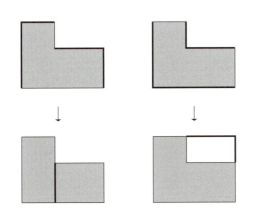

面積の単位

面積の単位には，a（アール），ha（ヘクタール）といったものもあり，これらの単位について触れることになっている。

a，haについては，体育館やグランドなどを利用して，実感して捉えられるようにすることが大切である。

例えば「1aのドッジボールコートでドッジボールをしよう」といった課題をつくり，グランドにラインを引いてみるといった活動。「グランドは1haより広いか」といった課題でグランドのおよその面積を測定する活動など，子どもたちの身の回りのものを活かして実感させたい。

また，aやhaは，個別にその意味を理解するのではなく，他の単位との関係の中で理解するようにしたい。

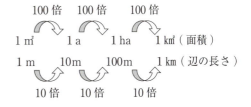

面積の単位に関して，次のような間違いがよく見られる。　1㎡ = 100 ㎠

こういった間違いを防ぐために，子どもが面積についてイメージができるような指導に配慮することが大切である。

4年
11 Ⓑ図形 立方体，直方体

（夏坂哲志）

育成する資質・能力

○直方体，立方体について理解する。また，それらの見取図や展開図について理解する。
○直方体や立方体について，面や辺の垂直・平行の関係をとらえる。
○直方体，立方体について，その構成要素に着目して見取図や展開図に表したり，辺や面の位置関係に着目したりする活動を通して，立体図形の性質をとらえることができる。

立方体，直方体の特徴をとらえる

　立方体は，6つの正方形で囲まれた立体図形である。また直方体は，6つの長方形（2つの正方形と4つの長方形の場合も含む）で囲まれた立体図形である。

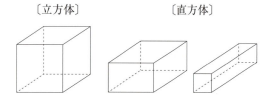

〔立方体〕　　　〔直方体〕

　教科書などにある上のような見取り図を見ながらの学習だけではなく，**身の回りにある箱や立体模型を手に取り，実際にいろいろな方向から観察しながら，立方体，直方体の構成要素である面や辺の特数をとらえたり，数を数えたりしていくこと**が大切である。

　また，**工作用紙などで立方体や直方体を組み立てたり，組み立てた立体を切り開いてみたりしながら**，面の形の特徴や面と面，辺と辺，面と辺の関係などについて理解できるようにしたい。さらに，教室を大きな直方体だととらえれば，直方体の内側から面や辺を観察することもできる。

　このような活動を通して，実感を伴う理解ができるように心がけることが必要である。

展開図について考える活動

　見取図や展開図は，立体を平面上に表現するための方法である。これらを指導する際は，実際の立体と結び付けながら考えていくことができるようにしなければならない。

　例えば，立方体の展開図は11種類あるが，大切なことは，この11種類を覚えることではなく，**展開図を見つけていく活動**を通して，辺と辺とのつながりや，面となる正方形の動きをイメージしていくことにある。

　その過程を，より丁寧に扱おうとするならば，次のような段階を踏んで指導することも考えられる。

---

① ふたのない箱の展開図を考える。
　（ペントミノ（正方形を5つつなげてできる形）のいくつかを，箱ができるものとできないものとに分類する）。
② ①の展開図について，箱の底になる面をとらえる。
③ ①の展開図に，正方形をもう1枚くっつけて，立方体の展開図をつくる。

　ふたのない箱にすることにより，箱の上下がはっきり（開いている部分が上）する。そして，底の面を基準にすることにより，展開

単元指導のポイント

立方体，直方体の構成要素の数→頂点…8，辺…12，面…6

見取図：立体の形全体が一目でわかるように，見た様子そのままを平面上にかいた図

展開図：立体を切り開いて，1枚の紙になるようにかいた図

（例）立方体の展開図（全部で11種類）※「○−○−○型」というのは分類の仕方の一例

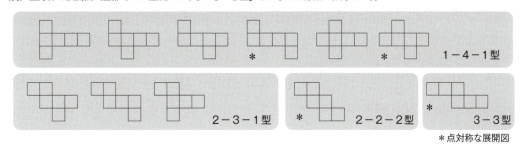

*点対称な展開図

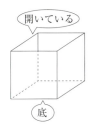

図を組み立てていくときのイメージを持たせやすい。

また，**組み立てたときに箱の形になるペントミノに，正方形をもう1枚つなげて立方体の展開図をつくるとき，どの形の場合もつなげる箇所は4か所である。**その理由を考えるときに，立体と展開図を行き来しながら考える場面が生まれる。

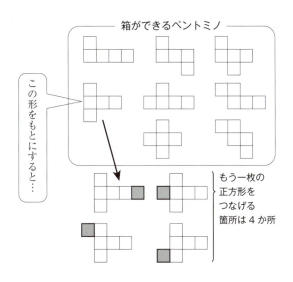

立方体の展開図を1つ決めて，立方体のどの辺を切ればその展開図になるのかを考えさせる活動も面白い。

直方体の展開図

立方体の展開図は全部で11種類。では，直方体の展開図は何種類あるだろうか。多くの子は，立方体の展開図の数よりも少ないと予想する。面の形が長方形だから，そのつながる組み合わせは減ると考えるようだ。

けれども，実際はかなり多い。

紙幅の関係で詳述はできないが，例えば，右のような形に長方形が並ぶ，直方体の展開図を考えてみると6種類あることがわかる。

立方体の，他の展開図についても同様に考えていくと，6×11＝66（種類）になりそうだ。ところが，点対称の展開図（4種類）からは，直方体の展開図は3種類しか作れない。

よって，直方体の展開図は54種類（＝66−3×4）となる。このことを発見したのは，筑波大学附属小学校の田中氏のクラスの4年生（平成3年度当時）であった。

4年 12 ⒞変化と関係 折れ線グラフ

(山本良和)

育成する資質・能力

○時間経過に伴う変化を表す折れ線グラフの特徴とその用い方を理解する。
○目的に応じて適切なグラフを選んだり，複数のグラフを組み合わせてデータを読み取ったりすることを通して結論を考察することができる。

変化の様子を表す折れ線グラフ

第3学年で学習した棒グラフは，属性で分類した数量の大きさを棒の長さで表現していた。だから大小の比較がしやすいという特徴があり，大きい順に棒を並び替えると，データの大小の順序も明確になった。

第4学年で折れ線グラフを扱う場面では，この棒グラフと比較しながら，折れ線グラフの特徴を理解させるようにしたい。例えば，下図のように気温をあえて棒グラフに表し，気温の高い順に月を並び変えたグラフと比べてわかることに目を向けさせる。

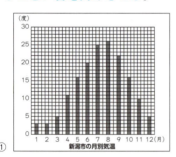

気温の高い順にすれば8月，7月，9月，6月，……，3月，12月，1月，2月の順番はわかる。しかし，子どもからは「何か変な感じがする」という反応が現れる。これは，「1月〜12月にかけての時間経過に従う方がいいのではないか」という見方の現れである。そこで，時系列に表された図①のグラフから読み取れることを意識させると，「1月とか2月の冬は寒いけれど，春から段々暖かくなって8月が一番気温が高い。その後は秋から冬になっていくとまた気温が下がっていく」と言う。このとき，グラフのどこを見ているのかを意識させると，棒の先端の変化に目を向けていることが明らかになる。

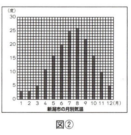 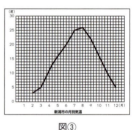

この段階で，教師が図②のように子どもが着目した場所に点を打ち，それを直線でつなぐ。すると気温の変化の様子がより一層明確になることが子どもにも伝わる。そして，このように変化の様子を見ることを目的としたグラフを「折れ線グラフ」ということを指導する。

なお，ICTを活用して図①⇒図②⇒図③と棒グラフから折れ線グラフに変わっていく過程を確認すると，視点の変化が明確になる。

また，この学習の後で，札幌，新潟，東京，大阪，福岡，那覇の8月の最高気温をグラフに表す活動を設定すると，折れ線グラフの

単元指導のポイント

中学年における統計的探究プロセス「問題⇒計画⇒データ⇒分析⇒結論」の指導のポイント
○中学年になると，身の回りの事象から問題を設定したり，設定した問題に応じて集めるデータの検討及びその収集計画の立案をしたりする活動を体験させる。
○第4学年では，時系列データを折れ線グラフに表したり，目的に応じて複数のグラフを比較することを通してデータの特徴や傾向を把握する活動も体験させる。

目的が理解されたかどうか評価できる。「気温だから折れ線グラフ」と言う子どもは表面的な理解しかしていない。異なる地点での気温を比較する場合には「棒グラフ」が適しており，気温の高い順に都市を並べ変えて表す方がわかりやすいということを確認する。

全体的な変化の傾向，部分的な変化の傾向
　数量の大小比較をする棒グラフとは異なり，変化の傾向をとらえる折れ線グラフは，グラフの基線との間に波線を入れて途中を省略することができる。

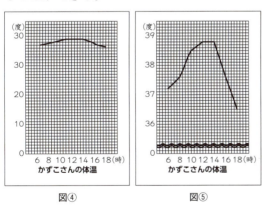

　例えば図④と⑤は同じ体温を表しているが，省略していない図④では全体の大まかな変化の傾向を見ることができる。一方，図⑤は36℃より下の部分を省略して1目盛が表す数の大きさを小さくしているので，部分的な変化が強調される。2つのグラフの表題を隠して提示し，何を表した折れ線グラフであるのか検討させると，子どもは同じ人の体温を表していることに気づくとともに，目盛の大きさの違いや変化の緩急が強調された折れ線グラフのよさにも目を向ける。

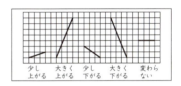

折れ線グラフに表して考察する
　折れ線グラフのよさは，子どもが見いだした日常事象の問題を解決する場面で，「折れ線グラフに表すと変化がはっきりわかった」という実感が伴うことで意識される。

　そこで例えば，小学校入学からの自分の身長や体重の変化を折れ線グラフに表してみたり，1週間で跳んだ縄跳びの回数を曜日ごとに整理して折れ線グラフに表したりすると，子どもは自分の変化を視覚的に意識することになる。

　また，身長と体重の変化のように2つの種類のグラフを1つのグラフの中に表し，相互に関連付けながら特徴を読み取るような活動もこれからの「データの活用」領域の授業には求められる。

4年 13 変わり方

Ⓒ変化と関係

（森本隆史）

育成する資質・能力

○変化の様子を表や式に表したり，変化の特徴を読み取ったりすることができる。
○伴って変わる2つの数量を見いだし，その関係に着目して，表や式を用いて，変化や対応の特徴について考察する。

「関数関係」について

　ともなって変わる二つの数量があって，その一方の値が定まると，それに伴って他方の値も定まるという関係があるとき，後者は前者の関数であるという。また，これらの二つの数量を間に関数関係があるともいう。

　例えば，1個300円のケーキを買うとき，買う個数が変わればその代金も変わってくる。ケーキを5個買うとすれば，代金は1500円に定まる。この場合，代金は買う個数の関数であるということになる。

「関数の考え」について

　関数の考えとして，次の3つのことが大切である。
①依存関係があるかどうかに着目すること
②関数関係のきまりを見つけたり，用いたりすること
③関数関係を表現すること

　関数の考えでは，まず，ある数量について，他のどんな数量と依存関係があるかどうかを明らかにする。ある一つの数量を調べようとするときに，その数量を直接調べる方法もあるが，その数量と関係のある他の数量を使って調べることができないかと考えて事象を観察し，可能性のある数量を見いだしていく。

そして，一方の数量を決めればもう一方の数量が決まるかどうか，あるいは一方の数量は他の数量に伴って一定のきまりに従って変化しているかというような見方で二つの数量の関係をみていく。

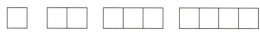

1番目　2番目　3番目　4番目

　例えば上の図を子どもたちに見せて「30番目の図形の周りの長さはいくつなるでしょう」と尋ねたとする。実際に30番目にあたる図を書いてから周りの長さについて調べることもできる。しかし，周りの長さを出すために，子どもたちが他の数量を使うことができないかと考えられるように言葉をかけていく。そうすると，正方形の数が1増えれば，周りの長さは2増えそうであることがわかる。正方形の数を決めれば周りの長さは決まる。この二つの数量に依存関係があるからだ。実際の授業では，子どもたちがこのような依存関係を見いだしていくことが大切となる。

表や式に表す

　関数の考えでは，見いだされた二つの数量の関係について，**表や式に表して，ともなって変わる二つの数量にある変化や対応の特徴**

単元指導のポイント

変化や対応の特徴を考察するために表や式を用いよう

　ともなって変わる二つの数量の関係は，□，△などを用いて式に表すことができる場合がある。具体的な場面において，表から，変化の様子を□，△などを用いた式に表したり，表された式を読み取ったりすることができるようにする。そのためには，□，△などに複数の数を代入した結果を表に整理したり，言葉の式に表したりすることが大切である。

について考える。規則性がある場合には，どんな規則性があるかを明らかにしていく。

正方形の数 （□）	1	2	3	4	5
回りの長さ （○）	4	6	8	10	12

○＝2×□＋2
30番目は
2×32＋2＝66
で求めることができる

　表は2つの数量の値の組からきまりを見つけやすい。式は，どちらか一方の数量が変化したときに，もう一方の数量を簡単に見つけることができる。まずは，ともなって変わる2つの数量を表に表して，その表からきまりを見つけ，2つの数量の関係を式に表すという経験を何度もさせていきたい。そうして，子どもたちがそれぞれの表現方法のよさを理解することが大切である。

関数関係のあるものとないものを扱う

　関数関係があるものばかりを扱うのではなく，関数関係がないものも意識して扱うようにする。

　例えば，次のような場面を仕組む。

まわりの長さが20cmの長方形があります。ともなって変わる関係をさがしましょう。

　子どもたちが着目する数量は，たての長さ，横の長さ，長方形の面積が考えられる。

　たての長さと横の長さの関係を表に表すと下のようになる。

たての長さ（cm）	1	2	3	4	5
横の長さ（cm）	9	8	7	6	5

　たての長さが1cm増えると，横の長さは1cm減るという関係がある。これをもとに（たての長さ）＋（横の長さ）＝10という式に表すことができる。

　たての長さと長方形の面積の関係を表に表すと下のようになる。

たての長さ（cm）	1	2	3	4	5
面積（c㎡）	9	16	21	24	25

　表を見ると面積の増え方にきまりはあるが，ともなって変わっているとはいえない。4年生の子どもがたての長さと面積の関係を式に表すことも難しい。

　この題材を広げていくのもおもしろい。「周りの長さが20cmの長方形のときはわかったよ。じゃあ次は，周りの長さが正方形のときはどんな関係になるのかな」というように，日頃から子どもたちが発展的に考えていけるように仕向けていきたいものである。

変わり方　**115**

4年 14 ⓒ変化と関係 簡単な割合

（大野桂）

育成する資質・能力

○「比較」には，「差による比較」と「倍による比較」の2つの方法があることに気付くことができる。
○除法で「倍」が求まることの根拠を，数直線図などを用いることで理解し，説明することができる。

「簡単な割合」が新たな単元として4年生の学習に組み込まれた意義

「割合」の学習に臨むに当たって，その明確な既習となる学習内容が「倍」の指導である。そのため，「倍」を求める学習は，各学年で段階的に行われてきている。そして，その中でも特に力をいれて指導すべき内容が，第4学年「小数÷整数」の学習内容の中で扱われている，「整数÷整数＝小数（倍）」の場面である。

ちなみに，4年「整数÷整数＝小数（倍）」の問題場面は次のものが一般的である。

> A君は80m，B君は50m泳ぐことができます。AはBの何倍泳ぐことができますか？

この問題を，次のように立式し，求答することはさほど困難なことではない。

　　　80÷50＝1.6　　**答え 1.6倍**

しかしながら，立式し求答するだけでは，「倍」を求めることの意味が理解できたとは言えない。「倍」を求めることの意味を確実に理解し，「割合」の学習のための明確な既習とするためには，「なぜ，除法で『倍』を求めることができるのか」ということの根拠を明らかにすることである。具体的に言えば，下のような図を描き，その仕組みを説明できるようになることである。

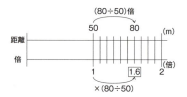

このように「倍」を求める学習を確かに行ってきた。

そして，この求めた「倍」を使って「『倍』でくらべる」ことを経験させるのが，4年「簡単な割合」である。

「『倍』でくらべる」ということ

「くらべる」という学習を思い出してみると，これまで，長さ・かさ・広さなどの量を測定し，その測定した量を「『差』でくらべる」という活動は積極的に行ってきた。

ところが，「『倍』でくらべる」という活動はといえば，実は一度も行っていないのである。そもそも，「『倍』でくらべる」とはどういうことなのだろう。

・「『差』でくらべる」「『倍』でくらべる」 2つの「くらべる」の表出

例えば，上のような「竹の子の1週間の伸び」を示した場面である。まずは，数値は示

| 単元指導のポイント |

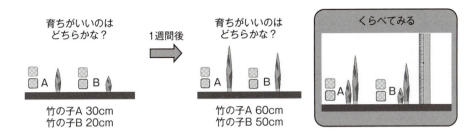

さず，竹の子の伸びを表す動画※を見せた。
（※動画作成ソフト：スクールプレゼンターEX）

> 1週間でよく成長したように見えたのは，
> どちらの竹の子ですか？

と問うてみた。

すると，「Bの竹の子の方がよく育ったように見える」という子どもが圧倒的に多かった。その理由を問うと，「Bの方が，最初とくらべて1週間後がすごく大きくなったように見えたから」ということである。即ち，基の大きさと1週間後の大きさをくらべているのだ。そう，子どもたちは無意識に「『倍』でくらべている」ということが分かる。

ここで，数値を提示してみた。

> ・竹の子A　基30cm → 1週間後60cm
> ・竹の子B　基20cm → 1週間後50cm

すると，多くの子どもが「成長は同じ」と意見を変えた。「どうして意見を変えたの？」と問うと，「A，Bのどちらも1週間の伸びは30cmだから」ということであった。子どもたちは，数値を見た瞬間に「成長した長さ」，即ち『差』に着目したのである。

このことが意味しているのは，数値で「倍」を捉えることの経験がいかに欠如しているかということである。このことからも，「『倍』でくらべる」ことの豊富な経験がいかに重要かが分かる。

・「倍」への理解を立式や求答の根拠を図を用いて説明させることで深める

「倍」，即ち，基準量を1（倍）と見たときに，比較量が何（倍）に当たるかを求めているということを確実に理解させるようにしたい。そこで，「Bの方が，最初とくらべて1週間後がすごく大きくなったように見えた」ことの数値化を促し，それを求めるための立式と求答の根拠を数直線で表させた。

竹の子A：2倍→60÷30＝2（倍）

```
           (60÷30)倍
         ┌─────┐
長さ    30      60
倍  ────┼───────┼────
         1      □
         └─────┘
          ×(60÷30)
```
30を1とみて60は2に当たる

竹の子B：2倍半→50÷20＝2.5（倍）

```
           (50÷20)倍
         ┌─────────┐
長さ    20    40  50  60
倍  ────┼─────┼───┼───┼──
         1     2   □   3
         └─────────┘
          ×(50÷20)
```
20を1とみて50は2.5に当たる

いずれにしても，4年「簡単な割合」で大切なこと，「『倍』でくらべる」という場面，豊富に触れさせることである。

― 4年 ―
15 Dデータの活用
資料の整理

（夏坂哲志）

育成する資質・能力

○2つの観点に着目して，資料を落ちや重なりがないように分類整理できる。
○二次元表の整理の仕方や読み取り方を理解し，目的に応じてデータを集めて分類整理することができる。また，得られた結論について適切に考察することができる。

二次元表

資料の整理については，低学年のうちから簡単な表やグラフについて学習してきている。

第4学年では，資料を2つの観点から分類整理した二次元表を用いて表したり，特徴や傾向を調べたりすることができるようにする。

二次元表は，子どもたちがここで初めて目にするものではない。入学したての頃から使っている時間割表も二次元表である。つまり，「水曜日の2時間目は国語」のように，曜日と時間の2つの項目に対応して教科が決まってくるのである。

同様に，出席簿，新聞のテレビ欄，総当たり戦の勝敗表など，子どもたちは生活の中でいろいろな二次元表を使っている。また，第3学年では，簡単な二次元表についても学習している。

じかんわり

曜日/時間	月	火	水	木	金
1	せいかつ	たいいく	さんすう	さんすう	たいいく
2	こくご	さんすう	こくご	こくご	さんすう
3	たいいく	こくご	せいかつ	ずこう	おんがく
4	おんがく	せいかつ	おんがく	ずこう	こくご

目的に応じた分類整理

先述のとおり，本学年では，ある事柄について集めた資料から，その特徴や傾向を調べるために二次元表を活用することを学ぶ。その活動は，**はじめはばらばらになっている資料を見て「こんな傾向がありそうだ」と感じる**ことから始まる。**傾向が予想どおりかどうかを明らかにするために，資料を分類整理した**結果が，二次元表の形になっていく過程を経験させたい。

例えば，次のような「けがをした人の記録」の一覧を見たときに，「打ぼくとすりきずが多いなあ」「すりきずのけがは，運動場でする人が多そうだぞ」という傾向がありそうだと気づく。

学年	時間帯	場所	けがの種類
5年	朝	ろうか	打ぼく
4年	休み時間	運動場	すりきず
5年	授業中	教室	切りきず
1年	授業中	運動場	打ぼく
3年	昼休み	体育館	打ぼく
3年	休み時間	運動場	すりきず
6年	昼休み	教室	すりきず
6年	授業中	運動場	すりきず
2年	放課後	ろうか	ねんざ
4年	放課後	運動場	すりきず

そして，「整理して調べてみよう」ということになる。子どもたちは次のようにして，整理していくことが期待できる。

①けがをした「場所」と「けがの種類」だけを抜き出して書いたカードを用意し，まずは，「けがの種類」ごとに集めていく。

運動場 すりきず	ろうか 打ぼく	教室 切りきず	ろうか ねんざ
運動場 すりきず	運動場 打ぼく		
教室 すりきず	体育館 打ぼく		
運動場 すりきず			
運動場 すりきず			

単元指導のポイント

本ページ右下の〔問題〕を表に整理すると，右のような
表が完成する。（○の番号順に埋めていく）

①学級の人数 32 人　　②男のきょうだいがいる人 18 人

③女のきょうだいがいる人 10 人

④男のきょうだいも女のきょうだいもいる人 8 人

		男のきょうだい		計
		いる	いない	
女のきょうだい	いる	④8		③10
	いない			
	計	②18		①32

---

②それぞれの「けがの種類」の中で，「場所」
ごとに分類し，線で分ける。

運動場　すりきず	運動場　打ぼく		
運動場　すりきず			
運動場　すりきず			
運動場　すりきず			
教室　すりきず		教室　切りきず	
	ろうか　打ぼく		ろうか　ねんざ
	体育館　打ぼく		

③カードの枚数を表に整理すると，二次元表
のできあがり。

	すりきず	打ぼく	切りきず	ねんざ
運動場	4	1	0	0
教室	1	0	1	0
ろうか	0	1	0	1
体育館	0	1	0	0

　このようにして表を作っていくと，表の中
にある数の意味がわかりやすい。

落ちや重なりの無いように

　2つの観点から整理しようとするとき，落
ちや重なりが生じることがある。

　例えば，25 人のクラスで「鳥を飼ってい
る人」「金魚を飼っている人」の人数を調べ
たときに，次のような結果になったとする。

　鳥を飼っている人……10 人

　金魚を飼っている人……13 人

　この結果を見て，「鳥も金魚も飼っていな
い人は2人ですね」と言ってみる。すると，

うなずく子と，「そうとは言えないんじゃな
いの？」と言う子がいる。そこで，「鳥も金
魚も飼っていない人」の数を調べてみること
にする。すると，2人ではなく8人であるこ
とがわかった。そこで，「両方飼っている人」
がいることに気づく。

　それまでにわかっていることを表に整理す
ると，次のようになる。

		金魚		計
		かっている	かっていない	
鳥	かっている			10
	かっていない		8	
	計	13		25

　表の空欄を，わかるところから順に埋めて
いくことで，「両方飼っている人」の人数も
求めることができる。

　このような表が使えるようになると，例え
ば，次のような文で表されている場面も，自
分で表に整理することによって答えを求める
ことができる。

> 〔問題〕けんじさんの学級の人数は 32 人
> です。男のきょうだいがいる人は 18 人，
> 女のきょうだいがいる人は 10 人で，男
> のきょうだいも女のきょうだいもいる人
> は 8 人です。
> きょうだいのいない人は何人でしょうか。

5年

01 A 数と計算
整数の性質

（盛山隆雄）

育成する資質・能力

○整数は，観点を決めると偶数，奇数に類別されることを知る。約数や倍数について知る。
○乗法及び除法に着目し，観点を決めて整数を類別する仕方を考えたり，数の構成について考察したりすることができる。

偶数と奇数の指導

（1）偶数と奇数の特徴の気づき

例えば次のような日常生活に関係のある問題を出す。そして，偶数と奇数の特徴を子どもに発見させることを通して，偶数と奇数の意味を指導することが大切である。

> 32人のクラスを赤組と白組に分けてリレーをします。出席番号を使って，次のように分けます。
> （赤組）1，3，5，…　（白組）2，4，6，…
> さて，出席番号32番の人は，赤組と白組のどちらでしょうか。

このような問題を考えることを通して，次のような発見が子どもから出てくることを期待したい。
◆赤組…一の位が1，3，5，7，9の繰り返し
◆白組…一の位が2，4，6，8，0の繰り返し
◆赤組も白組も2ずつ増えている。
◆白組は2の段の答え。2で割り切れる。
◆赤組は2で割ると，1あまる。
◆図で表すとこうなる。

偶数…　　奇数…

このような子どもの見つけたことを使って，32番は白組であることを確認する。

（2）問題の発展

さらにここで終わらないで問題を発展させることで，子どもたちの発見を価値あるものにしたい。

> 学年でリレーすることになりました。学年全体で107人います。順に番号が割り振られているとして，107番の人は，赤組でしょうか，白組でしょうか。

このとき，子どもたちはどの考えを選ぶだろうか。数が大きくなればなるほど，一の位に着目して判断する子どもが増えるだろう。

（3）偶数と奇数の図のよさ

図で表すことが有効に働くのは，次のような場面である。2つの袋がある。それぞれの袋に沢山の数カードが入っている。両方から数を取り出し，2つの数の和を求める。偶数になったら「当たり」という遊びである。ところが，何度やっても偶数にならない。

・18 + 37 = 55　　・22 + 9 = 31
・48 + 71 = 119　　・64 + 13 = 77

どうして偶数にならないのか，子どもたちは不思議に思い考え始める。

一方の袋には偶数，もう一方の袋には奇数しか入っていないことに気づいた子どもたち

単元指導のポイント

【倍数判定法】 十進位取り記数法で表された整数の倍数判定法をいくつか紹介する。

3の倍数…各桁の数の和が3の倍数ならば，その数は3の倍数である。
4の倍数…下二桁が4の倍数ならば，その数は4の倍数である
9の倍数…各位の数の和が9の倍数ならば，その数は9の倍数である。

は，偶数＋奇数はどうして奇数にしかならないのか，という問いをもった。

このことを説明するのに，あの図が使える。

「偶数は長方形になる。奇数は1つ出っ張った図になる。この2つの図を足すと，やはり出っ張りがある図になるから，奇数になる」

子どもの言葉で上のような説明ができればよい。イメージをもつことが大切である。

倍数と約数の指導

(1) 日常生活に関する問題場面

倍数にしても約数にしても，具体的な問題場面の問題解決に使うことを通して，その意味を指導することが大切である。

例えば，「3×□の□に整数をあてはめたときの答えを3の倍数と呼びます」といった指導では，倍数についての目的意識がない。

「3個入りのあめと4個入りのクッキーがあります。それぞれ何袋か買ってあめとクッキーの数が等しくなるときの袋の数を求めよう」

このような問題場面があると，問題解決のために倍数を求めたり，公倍数を求めたりする。その方がどういった場面に倍数や公倍数を活用できるのか，その意味も理解できるので一石二鳥になる。

これは約数についても同じである。

「12個のさくらんぼと8個のみかんをそれぞれ同じ数ずつ何皿かに分けます。さくらんぼもみかんもあまりがなく分けられるのは，何皿のときですか」このような問題場面の考察を通して約数や公約数について指導することが大切である。その上で，次第に整数そのものの見方として広げていくようにする。

(2) 整数の見方を広げる

約数の効率のよい見つけ方についても子どもに考えさせる対象である。

例えば12の約数（1，2，3，4，6，12）は，1と12，2と6，3と4，のように組をつくると，2つの積はいずれも12になる。このことから，2が約数とわかれば12÷2の商の6も約数であることがわかる。

整数 a, b, c（0を除く）について，$a \times b = c$ という関係が成り立つとき，c は a, b の倍数である。a, b は c の約数であることからもわかる。子どもたちがうまく約数を見つけようとして，そのような倍数と約数の関係に気づくことを期待したい。

この単元は，整数の性質である。整数の集合を考察する観点を子どもたちに身に付けさせることが目的である。偶数・奇数は，ある整数でわったあまりに着目して類別したものであり，倍数・約数は，整除できるかどうかに着目して類別した数と整理しておくとよい。

5年 02 Ⓐ数と計算 小数のかけ算

（大野桂）

育成する資質・能力

○数直線や図などを活用することで演算決定をすることができるとともに，「×小数」の意味は，「×倍（割合）」であることを見出すことができる。
○既習の計算の仕方や計算のきまりを活用して，具体場面と関連付けながら発想豊かに，筋道立てて計算の仕方を創りあげていくことができる。

「×小数」の意味指導

数値に多少の違いがあるにせよ，「×小数」の学習は，教科書6社のほとんどが，次のような問題での導入している。

まずは立式である。一般的に，子どもと教師のやりとりの中で，立式，式の意味づけが以下のような板書でまとめられることが多い。

子どもが，整数の乗法から類推して立式し，言葉の式で表現したことは賞賛すべきである。しかし，「1m分の値段×長さ＝代金」という式は乗法の意味として通らない。だから，この意味づけに対し，教師も同意し，式の意味としてまとめることはあってはならない。

乗法は「（1つ分の量）×（幾つ分）」「（量）×（倍）」の2つで意味づけをしてきたはずだ。だから，上の式の意味づけに疑問を抱く子どもがいて欲しいし，いなければ教師が率先して揺さぶりをかける必要があるだろう。

しかし，手立てなしに「×2.3」の意味には気づけない。そこで，具体物を提示する。

このように，**図表現を活用することで，視覚的に「×2.3」の意味を「2.3倍」と捉えられる**よう促すとよい。

その上で，**2量とその関係を以下に示す比例数直線などを活用**して，自ら捉えられるよう指導することが大切である。

左で示した**小数倍の式とその意味は，そのまま，「基準量×割合（倍）＝比較量」という「割合」の式とその意味へ直結する**。「割合」は理解がもっとも困難な教材といわれているが，この「×小数」の学習で確実に倍の意味を捉えられていれば，「割合」の学習において，明確な既習となり，その理解も深まるだろう。**だからこそ，「×小数」の学習の際に意味指導を大切にしたいのである。**

単元指導のポイント

（×小数）の意味理解を支える比例数直線

比例数直線は，計算の演算決定と意味理解，さらには計算の仕方を考える際に有効に働くので，子ども達が比例数直線を使いこなせるよう丁寧に指導していくことが大切である。

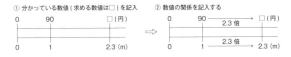

「×小数」の計算の仕方指導

計算の仕方は，意味理解に用いた比例数直線図が有効に働く。まずは，**比例数直線を活用させながら，計算の仕方を見出せる**とよい。

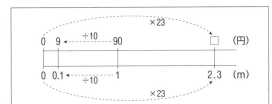

10cm（0.1m）が9円だから，2.3mだとそれの23倍だから…式：90÷10×23＝207

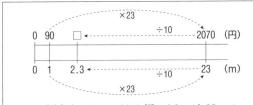

1m90円なら23mで2070円。2.3mは23mの1/10だから…式：90×23÷10＝207（円）

しかし，下の計算の仕方は，思考としては「単位変換」が行われているに過ぎず，解決方法が具体的状況から脱してはいない。

そこで，次のような，**計算のきまりを用い，数学的な方略へと水準を上げた，一般化された計算の仕方を考える**ようにもしたい。

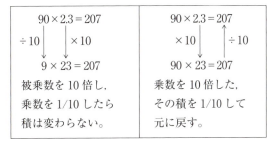

| $90 \times 2.3 = 207$
$\div 10 \downarrow \quad \downarrow \times 10$
$9 \times 23 = 207$
被乗数を10倍し，乗数を1/10したら積は変わらない。 | $90 \times 2.3 = 207$
$\times 10 \uparrow \quad \uparrow \div 10$
$90 \times 23 = 207$
乗数を10倍した，その積を1/10して元に戻す。 |

数値の設定 ―「×2.5(m)」で導入―

「×2.3」が一般的に用いられるのは，「単位変換」「10倍して整数にする」といったことが想像しやすく，計算の仕方を一般化しやすいことが理由である。つまり，計算の工夫が他にできない数値ということである。

では「×2.5(m)」で導入するとどうだろう。

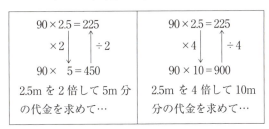

| $90 \times 2.5 = 225$
$\times 2 \downarrow \quad \uparrow \div 2$
$90 \times 5 = 450$
2.5mを2倍して5m分の代金を求めて… | $90 \times 2.5 = 225$
$\times 4 \downarrow \quad \uparrow \div 4$
$90 \times 10 = 900$
2.5mを4倍して10m分の代金を求めて… |

このように，**「整数にして考える」**というアイデアは子どもから出やすくなるだろう。ここで存分に**「整数に直す」**というアイデアを味わってから，次時に「×2.3(m)」を扱えば，ここまで述べてきた計算の仕方を，無理なく自然と見出すのではないだろうか。

このように，子どもの実態と授業のねらいに応じて，数値を吟味することも大切である

小数のかけ算

5年
03 A 数と計算
小数のわり算

（大野桂）

育成する資質・能力

○数直線や図などを活用することで演算決定をすることができるとともに、「÷小数」の意味を、「÷基準量」「÷倍（割合）」となっていることを見出すことができる。
○既習の計算の仕方や計算のきまりを活用して、具体場面と関連付けながら発想豊かに、筋道立てて計算の仕方を創りあげていくことができる。

「÷小数」の意味指導

乗法を a（基準量）×b（割合）=c（比較量）と表現したとき、除法には2つの場合がある。

・割合を求める
　c（比較量）÷a（基準量）=b（割合）
・基準量を求める
　c（比較量）÷b（割合）=a（基準量）

・割合を求める場合の意味

これは包含除にあたる。例えば、「9Lのジュースは、1.5Lのペットボトル何本分になるか」という問題である。この場面を数直線に表し、構造化すると以下のようになる。

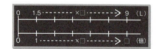

上記の**数直線を基にすると、1.5×□=9という乗法で立式ができる**。除法は、乗法の逆算として捉えれば、「9÷1.5=□」が導ける。このときの除法の意味は以下のようになる。

> 1.5を1とみたとき、9にあたる大きさを求めること

このように除法の意味を捉えれば、除数が小数や分数の場合でも、意味が通じる。これが、**除法における意味の拡張**の1つである。

・基準量を求める場合の意味

これは等分除にあたる。例えば、「1.6kgで400円のお味噌があります。このお味噌1kgの値段はいくらになるか」という問題である。この場面を数直線に表し、構造化すると以下のようになる。

数直線から、□×1.6=400という式が立てられる。乗法の逆算が除法という関係を用いると、400÷1.6=□という式が導ける。

ところが、この場合、**「÷1.6」の意味を解釈することが困難**となる。というのは、これまでの、「2kgで400円のお味噌があります。1kgではいくらになるか」という問題であれば、「2等分すればよい」と考えられるため、「等分」としての除数の意味が通じていた。しかし、400÷1.6の場合は、「1.6等分」という表現が不自然となり、意味が通じなくなるのである。だから本単元では、次のように**除法の意味を拡張する必要がでてくる**のである。

> 1.6を400としたとき、1にあたる大きさを求めること

ここまで述べてきたように、5年「小数の

単元指導のポイント

小数の乗法・除法における意味の拡張について

・AのBに対する割合がPであるとき，A＝B×Pとして求める。
・AのBに対する割合Pを，P＝A÷Bとして求める。
・AのBに対する割合がPであるとき，B＝A÷Pとしてとして求める。

これが「小数の乗法・除法における意味の拡張意味」であり，本単元の指導の重点となる。この理解は，単元「割合」の理解へ直結するものであるので丁寧な指導を期待したい。

わり算」では，上で述べた２つの場面について，それぞれ除法の意味の拡張を行わなければならないということになる。

除法の意味を拡張するための素地知識

除法の意味の拡張は，実は，本単元がはじめてではない。例えば，３年除法の学習である。「12個のみかんを１人４個ずつわけると，何人に分けられますか」という問題に対して，12÷4＝3を「4を1とみたとき，12は3に見える」という見方は経験してきた。

また，４年「整数÷整数＝小数」では，「14ｍのリボンは５ｍのリボンの何倍になるか」という問題で，14÷5＝2.8を「5を1（倍）としたとき，14は2.8（倍）」という見方をしてきた。この見方を，本単元で想起できるように指導を組み立てるとよいだろう。

「÷小数」の計算の仕方指導

計算の仕方は，意味理解に活用した上の比例数直線が有効に働く。除法の意味を考えるために比例数直線を活用する中で，整数に直して計算するアイデアを引き出しながら，計算の仕方を見出させるようにしたい。

例えば，「2.5ｍで200円のリボンがあります。1ｍではいくらですか？」という問題を設定したとする。数直線を用いることで，以下のように除法の式を立てることができる。

この比例数直線から，長さと代金に比例関係が内在していることが見出され，次のような整数に直して計算する方法を考えつくことができる。

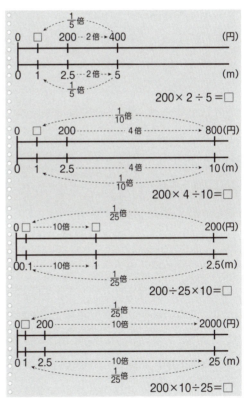

まずは，上に示した整数に直して計算する仕方を見出したことを賞賛し，次時以降で，一般化に向けて計算の仕方を精緻化していく授業構成とするとよいだろう。

—5年—
04 Ⓐ数と計算
（田中博史）

分数の加減

育成する資質・能力

○分数の意味や表現に着目し，異分母の場合の加法，減法の計算の仕方について考えることができる。
○異分母分数の加法，減法の計算が正しくできるようになる。

分数の意味とその表現

3年生で量を表す分数は，単位となる分数のいくつ分で表現する。$\frac{1}{5}$ mの長さの紙テープを4つあつめたものが$\frac{4}{5}$ mである。

この時，児童は$\frac{1}{5}$ m＋$\frac{1}{5}$ m＋$\frac{1}{5}$ m＋$\frac{1}{5}$ mという加法を無意識のうちに行っている。表現そのものに照らし合わせると「$\frac{1}{5}$ mが4つ分」なので$\frac{1}{5}$ m×4の計算を既にしていると考えることもできる。

これは整数を学ぶ時にも同様で10が4つと1が3つで43と数の大きさを表しているときにも実は10×4＋1×3を行っている。

直接式と結びつけるかどうかはここでは置いておくが，要するに同じ大きさのものを集めて数値にしていくという活動は，すべての計算において共通する大切な考え方である。

だから同分母の時には分子だけの加法で和や差が出せる。5年生で異分母の分数の計算の仕方を指導する際に，この基本的な考え方をもう一度丁寧に話題にしておく必要がある。

それが4年生の同分母の計算の仕方を考えることである。

$\frac{1}{5}$ m＋$\frac{2}{5}$ m＝$\frac{3}{5}$ mと計算してきたがどうして分母は足し算しないのかという課題に向き合うことが異分母の計算の仕方を考える土台

として大切にしたいことである。

実はこの話題は異分母の分数の計算を前にした時に，もう一度取り扱ってみるといい。それは図形の指導でたとえば正方形だけを見ている時にはその性質に気が付きにくいので，長方形や他の図形を観た後でもう一度正方形を見ることで気づかせるように，同じ単位のものの加法，減法の場面だけを見ていたのではそのよさには気が付きにくいのである。

単位の異なるものを足し算しようとしたときに，初めて単位を揃えることのよさを実感することができる。

加法，減法をするために量分数を学ぶ

分数が量を表現する時にも用いられるという認識が日本の子どもには弱い。まず日常に量を表現する分数が用いられていない。さらに教科書などでの導入場面でも分割の操作を意識させることの方が強く，これが量よりも割合の感覚の方につながりやすいという問題点があった。

そこではしたの量を測定する活動へと改められ，1mや1Lという量の測定を互除法の第一操作を見せることで量の感覚を育てようとした。このようにして量の認識に重点を置くのはなぜかというと，加法，減法ができる

単元指導のポイント

異分母の分数をそれぞれと大きさの等しい同分母の分数に変身させることを通分という。その概念は下の図のようにすることである。つまり単位となる分数を「そろえる」という活動を思い浮かべることがここでの大切な考え方である。

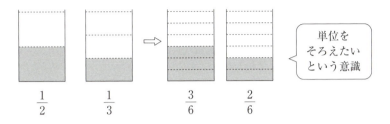

ものにするためである。整数，小数，分数のすべてを小学校で四則演算を完結させておきたいことによる。

割合や操作の表現の分数のままでは加法や減法はできないことを今一度指導者が認識しておきたい。

計算の仕方を考えることと計算技能の定着を区別して

これはどの計算の場面でも同じだが，計算の仕方を考える活動はとても豊かに展開したのに，その後の計算技能の定着の場面で極端に形式化を急ぐことがある。これでは児童の価値観は後半の計算技能の方に向いてしまう。

分数も他の数と同じように加法や減法ができること，そのためにはこれまでの数と同じように基本となる単位を揃えることが必要になること。この二つの考え方が身につけばそれで良いと考えたらどうかと筆者は考える。

それでも異分母分数の計算練習に力を注ぐのだとすると，その時の価値は何かを考える

生活に用いることのない分数の計算練習がどうしてここまで大量に必要なのだろうと首を傾ける大人は少なくない。だが，現場では異分母分数の計算についてはかなり習熟することを求めている。テストなどでも今のところはその力が求められるから，今一度その価値を整理してみる。

その1　倍数，約数などこれまで学んだことを使って問題を解くことを繰り返すことで既習事項の定着ができる。

その2　一定のアルゴリズムにのっとって物事を処理する能力を伸ばす

実は，ここまでに学んだ計算の学習における習得段階では上の二つが学びの価値観として挙げることはできるだろう。

整数の割り算の筆算の中に実は掛け算と引き算が入っているので，同時にその復習ができると考えることができる教師と，割り算を別のものと考えている教師では対応が大きく変わる。だが，それにしてもスピードを求める必要は今となってはなかなか浮かばない。

計算分野についての指導観についてこの国の教師はそろそろ問い直すことが求められる時期だと言えるだろう。

5年 05 B図形 体積

（山本良和）

育成する資質・能力

○立体の大きさも単位をきめることで数値化することができることを理解し，体積の普遍単位の存在を知り，それを用いて直方体や立方体などの体積を測定することができる。
○具体的な立体の体積に対する量感覚を身につけ，正しく表現することができる。

体積の意味の理解

子どもは，第2学年の「かさ」の学習を通して，普遍単位としてLやdL, mLを用いて「かさ」を数値化することを学んでいる。本単元では，その体験を踏まえ，液量に限らず立体（直方体や立方体）の大きさも単位を決めれば数値化できることを理解させ，1cm³や1m³を普遍単位として導入し，体積の概念の理解を深める。

一般的に，体積の導入では，下図のような立体の大きさ比べの問題場面から始めることが多い。ところが，実際の授業では，この問題場面が子どもの問題となりにくい。直接比較の考えをしたり，1cm³の積み木を重ねて同じ形を作れば比べられるというアイデアを直感的に思いつくからである。これらの考え方は，既習の「測定」領域の学習を通して体験しているので，ある意味では当然の反応である。だから子どもにとって，モノの大きさを比較することにそれほど大きな問題意識を抱

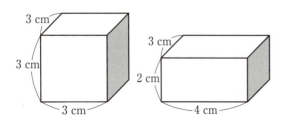

かないのである。

やはり1cm³の積み木を重ねて比べるのであれば，子どもの方から積み木を使って調べてみたいという思いを引き出したい。そこで，例えば次のような教材で導入してみる。

この紙の四隅から正方形を切り取り，ふたのない入れ物をつくるとき，「一番大きな入れ物にするには一辺何cmの正方形を切り取ればよいか」ということを問題とする。

底の面積を広くした方がよいと考える子どもは，一辺1cmの正方形を切り取る。

深くした方がよいと考える子どもも，切り取る正方形の一辺の長さを2cm，3cm，4cm……のどれにしようかと悩む。これが子どもにとっての問題なのである。

子どもは，工作用紙の四隅から自分が決めた大きさの正方形を切り取り，入れ物を作ってみる。しかし，見ただけでははっきりしない。だから，入れ物の中に何かを入れて確かめたくなる。しかし，紙でできている箱なので，水を入れて確かめられない。そこで，中に入れる

128　5年生の内容の基礎・基本

単元指導のポイント

体積の普遍単位…………………… 1c㎥, 1㎥= 1000000c㎥
　　　　　　　　　　　　　　　1c㎥= 1mL　　1㎥= 1000L（1kL）

直方体の体積の公式 ………… 直方体の体積＝たて×横×高さ
立方体の体積の公式 ………… 立方体の体積＝一辺×一辺×一辺
容積…………………………… 入れ物の大きさ　　入れ物の内側の長さを「内のり」という。
　　　　　　　　　　　　　　容積＝たて×横×深さ

モノとして，「こんなモノがあればいいのになあと思うものはどんなモノですか」と問うと，「一辺1cmの立方体がほしい」というアイデアが現れてくる。

そこで，1c㎥の積み木を用意すると，**子どもは箱の中に敷き詰めていく。ところが，子どもの中から「全部敷き詰めなくてもわかる」という声が上がる。「底の一段だけ敷き詰めて，それの何段分だからかけ算でわかる」と言う。さらに，「底の数も，たて×横で何個入るかわかる」と続く。**自分で積み木を積む作業をするからこそ生まれる考えである。この考えが直方体の体積の公式につながっていく。

実際に調べてみると，子どもはその結果に驚く。切り取る正方形のサイズによって積み木の数が次のようになるからである。

● 1cmのとき…168個
● 2cmのとき…240個
● 3cmのとき…240個
● 4cmのとき…192個
● 5cmのとき…120個

違いがはっきりするだけでなく，同じ数になる場合があることに興味を示す。そこで，さらに**一辺15cmの正方形の紙をもとに同**様に調べてみると，同じ数になることが特殊であるということが明らかになる。

ところで，この教材で扱っているのは厳密にいうと容積である。既習の「かさ」の学習と関連づけようとする子どもの思考を生かすという点と，子どもの主体性を引き出すという点では，効果的である。そして，この体験をもとに立体図形の体積につなげていく。

体積の量感覚と公式の習熟

体積の学習の目的は，量を測定することである。そこではただ公式を作ったり，公式を適用したりすることだけが重要なのではない。それ以上に大事なのは，体積の量感覚をしっかり養うことである。

例えば，公式を確認した後の習熟場面で，具体的なモノの体積を扱う。**グループに大きさも形も異なる積み木を1つずつ与え，その体積を求める**学習とする。ただし，最初から計算するのではなく，まず，**体積を予想させる。その後で，たて，横，高さを測定し，公式をもとに求積させて予想との誤差を確かめさせるのである。6班あれば，6種類の立体を順番に「予想→確かめ」と繰り返す。**立体の体積を相対的にとらえる体験にもなり，立体の体積の量感覚を養うことになる。

5年

体積　**129**

― 5年 ―
06 合同
B 図形

(山本良和)

育成する資質・能力

○図形の形や大きさが決まる要素について理解し，図形の合同に関する知識や合同な図形をかいたり作ったりする技能を身につける。
○対応する辺の長さや角の大きさに着目して，図形がぴったり重なるかどうか判断することができる。

図形の合同

　第4学年までの算数の学習の中でも，子どもは，形も大きさも同じ図形に出合う機会があった。例えば，正方形を真ん中で2つに切ったり折ったりしてできる長方形や直角二等辺三角形である。第5学年では，このような体験を素地として「2つの図形がぴったりと重なるとき，2つの図形は合同である」という図形の合同について理解できるようにする。

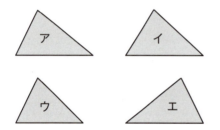

　例えば，上のア，イ，ウ，エのような紙でできた三角形の中から形も大きさも同じ三角形を正しく見つけられるようになることが合同を理解することだと言える。そこでは，それぞれの**三角形の紙を重ねてみて，ぴったり重なるかどうか確かめるという操作**が行われる。すると，アとイはぴったり重なるので合同であり，ウは重ならないから合同ではないということが明らかになる。ところが，エの三角形の扱いで子どもの意見が分かれる。

　アとエの三角形を比べると，そのままではぴったり重ならないが，エを裏返すとアとぴったり重なるのである。「裏返す」という行為が入った場合に，それを合同と言ってよいのかの判断は子どもに委ねられない。合同は子どもが初めて出合う概念であり，判断の拠り所がない。だから，教師の方から「裏返してぴったり重なる図形も合同である」ということを指導する。

対応する頂点，対応する辺，対応する角

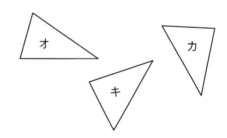

　二つの図形が合同であるとき，対応する辺の長さや対応する角の大きさは，それぞれ等しい。「対応する」という見方を意識させるには，例えば，上の図のように紙に書いた三角形の中から合同な図形を見付ける活動を仕組む。紙でできた三角形の場合は重ねることができるが，紙に書かれた図形はそのままでは操作できない。**重ねられない場面で合同な図形かどうか判断させる**と，子どもは自ずと

| 単元指導のポイント |

合同な三角形の決定条件

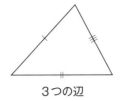
3つの辺

2つの辺とその間の角

1つの辺とその両端の角

辺の長さや角の大きさに目を向ける。特にこの例の場合，辺の長さや角の大きさがそれぞれ異なるので，2つの図形を重ねたとしたらどこが重なり合う頂点，辺，角であるかということが意識されやすい。そこで，合同な図形で重なり合う頂点を「対応する頂点」，重なり合う辺を「対応する辺」，重なり合う角を「対応する角」ということを指導する。

なお，「対応する」という表現は子どもにとって初出である。第6学年の「対称な図形」や「拡大図・縮図」の学習でも用いられる用語なので，確実に使えるようにしたい。

また，2つの四角形（対応する辺の長さは4辺とも全て等しいが対応する角の大きさが異なる）の合同を確かめさせる場面を設定すると，合同な図形の場合には対応する辺の長さと対応する角の大きさがどちらも等しくなければならないということが明確に意識される。そして，「形も大きさも同じ」である合同の意味を「対応」の観点から確かに理解することができる。

さらに，身の周りにある図形の合同を探す活動を設定すれば，対応する辺の長さや対応する角の大きさを調べる体験が豊かになるとともに，合同な図形は常にそれらが等しいということも明らかとなる。

合同な図形の作図

図形の合同が理解できたところで，「合同な図形」をかいたりつくったりする活動を設定する。合同な図形を重ねて写し取ったり，対応の考えを用いて作図する活動を通して，合同の理解をより一層明確にするとともに，どのような条件を用いれば合同な図形をかいたり，作ったりすることができるかということに着目できるようにする。

中でも，合同な三角形を作図する場面では，上に示したような決定条件に気付かせていくことが大切になる。

なお，合同な三角形を作図させる場面では，子どもの実態に応じて例えば次のように活動を調整することも意識にしたい。

○もととなる三角形を与えて，自由に作図させる。

○もととなる三角形の1つの辺に対応する辺を指定し，作図を始める部分を揃える。

合同な三角形が作図できるようになると，次に合同な四角形の作図や多角形の作図に取り組ませる。合同な三角形の作図の考え方を活用する場面になるとともに，対応の見方を再確認することにもなる。

─ 5年 ─
07 B図形
図形の角

（山本良和）

育成する資質・能力

○多角形の内角の和がその角の数によっていつでも決まるということを理解する。
○三角形の内角の和が180°であることを帰納的に見出し，それをもとに多角形の内角の和を演繹的に求めることができる。

三角形の3つの角の大きさの和

本単元では，いわゆる三角形の内角の和が180°であるということを扱う。ただし，内角という用語は小学校算数での指導用語ではない。

ところで，「三角形の3つの角の大きさの和は180°です」という知識は，そのまま伝えれば子どもも覚えられる。事実，学校で指導する前から既に知っている子どももいる。しかし，本単元の指導内容は「三角形の3つの角の大きさの和は180°」という知識を与えることではない。大事にしなければならないのは，次の2点（内容と方法）である。
【内容】どんな三角形も3つの角の大きさの和が180°になり，例外は存在しない。
【方法】「どんな三角形も3つの角の大きさの和が180°になる」という事実を帰納的に考え，説明する。

帰納的に考えるとは，複数の三角形をもとに共通する一般的な事柄を見出すことである。つまり，いくつかの三角形の3つの角の和を調べる中で，それがいつでも180°になっているという事実を子ども自身が体験することに意味がある。

教科書には，三角形の3つの角の大きさの和が180°であることを調べる方法として，

例えば次のようなものが示されている。
○合同な三角形を敷き詰める。
○分度器で3つの角度を測る。
○三つの角の部分を切り取って寄せ集めると一直線になるという事実を確かめる。

そこでは，それぞれの方法をもとにどんな三角形の3つの角の大きさの和も180°になることの驚きを感じさせたり，その美しさを味わわせたりすることをねらっている。

しかし，ここで留意すべき点が2つある。
○帰納的に見出したとはいえ，所詮調べる三角形の種類は限られており，全ての三角形でも言えるかどうか明らかではない。
○子どもが何をきっかけとして三角形の3つの角の和を調べようとし始めるのか。

つまり，1つ目は，たとえ帰納的に見出したことであっても「おそらく他の三角形でも言えるだろう」という仮説に過ぎないということである。

2つ目は，「調べましょう」と言われて調べる活動では，子どもに目的意識はなく，学びに対して受け身の子どもになってしまうという危惧である。授業では，子ども自身が三角形の3つの角の和に対する問題意識を持つようにすることを大事にしたい。

132　5年生の内容の基礎・基本

単元指導のポイント

四角形の4つの角の大きさの和の演繹的な説明例

①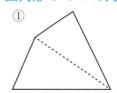
$180° \times 2 = 360°$
（三角形2つ）

②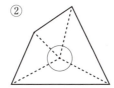
$180° \times 4 - 360° = 360°$
（三角形4つ－360°）

③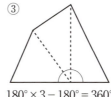
$180° \times 3 - 180° = 360°$
（三角形3つ－180°）

④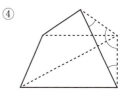
$180° \times 3 - 180° = 360°$
（三角形3つ－三角形）

そこで，例えば次のように直角三角形の1つの頂点が移動していく場合に，変わるものと変わらないものを見つける活動を設定する。

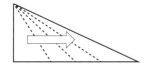

子どもは，初めは変わるものとして2つの角の大きさに目を付けるが，一方は増え，一方は減ることから2つの角の大きさの和が同じではないかという問題意識を持つ。それを調べる中で，下図のように「合同な直角三角形を2つ合わせると長方形になるから，どんな直角三角形も2つの角の大きさは90°になる」ということを説明することができる。

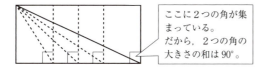

ここに2つの角が集まっている。
だから，2つの角の大きさの和は90°。

続けて，右上図のように正三角形の1つの頂点が移動していく場合を検討すると，子どもは直角三角形の考えを活かして2つの角の和が同じになっているということを説明しようとする。合同な三角形を2つ合わせると平行四辺形になり，平行の性質からどんな場合でも3つの角の大きさの和が180°にな

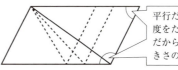

平行だから2つの角度をたすと180°。だから3つの角の大きさの和は180°

ることが明らかとなる。そして，正三角形に限らずどんな三角形でも合同な三角形を2つ合わせると平行四辺形になるという事実から，全ての三角形の3つの角の和が180°になるということに納得する。

四角形，多角形の角の大きさの和

どんな四角形でも，その4つの角の和が360°になるということは，三角形の3つの角の大きさの和が180°であるということをもとにすれば，演繹的に説明することができる。演繹的に考えるとは，すでに正しいことが明らかになっている事柄を基にして別の事柄が正しいということを説明していくことである。

なお，四角形の4つの角の大きさの和を演繹的に考え説明する仕方の代表的なものを上に示した。この中で，①と②の考えが多角形の場合に適用されることが多い。しかし，③④の方法も図形に対する見方を豊かにしたり，筋道立てて考えることへの関心を引き出したり，よさについて意識させたりする上で大事にしたい考え方である。

5年 08 Ⓑ図形 面積

(大野桂)

> **育成する資質・能力**
> ○図形の感覚を総動員し，既習を想起しながら三角形の求積方法は長方形（直角三角形）に帰着すればよいことに気づくことができる。
> ○長方形（直角三角形）を三角形の求積の基とすることで，様々な形の三角形の求積方法を考えることができる。

2つの導入方法

4年「面積」では，長方形の面積を「単位正方形の幾つ分」として意味付けし，その求積公式を「縦×横」と見出した。その上で，5年では，「四角形と三角形」の面積の学習となる。導入素材はというと，多くの教科書は，「平行四辺形」の求積から導入している。一方，少数ではあるが「三角形」の求積から導入している教科書もある。このように，5年「面積」の学習は，以前より，「平行四辺形と三角形のどちらから導入すべきか」という論争がなされている。

平行四辺形から導入

平行四辺形から導入するのは，**長方形の求積公式に帰着しやすい**という配慮からである。

平行四辺形の求積ができれば，後はその流れで，**台形・ひし形を平行四辺形や長方形に帰着**させればよい。

また，三角形についても，**「四角形の半分」**という見方をすることで，

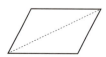

子どもにとって理解がスムーズに流れる。

直角三角形から導入した場合は，学習が進み鈍角三角形の求積場面に直面した際，鋭角三角形のように高さの垂線が引けず，直角三角形に分割できなくなり行き詰まる。

これも平行四辺形から導入することが支持されている大きな要因となっている。

三角形から導入

ここまで述べたことだけを捉えれば，平行四辺形から導入する方が望ましいと感じるかもしれないが，一概にそうとも言えない。三角形から導入するよさもある。それは直角三角形の求積は，**「長方形の半分」**と容易に気づけるということである。そして，直角三角形の求積方法を見出せれば，**二等辺三角形や鋭角三角形も分割することで直角三角形に帰着**できるので，求積方法を見出すことができる。

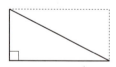

| 単元指導のポイント |

「面積」が図形領域へと移行された意義

　学習指導要領改訂に伴い，単元「面積」は，「量と測定」領域から「図形」領域へと移行された。これは，公式を用いて面積を測定するだけでなく，図形に対する見方・考え方を豊かに働かせながら，「面積」の測定方法を考えることが重視されたということである。

　そこでポイントとなるのが「数学的活動」である。等積変形や倍積変形，分割など，図形感覚を豊かに働かせて求積する活動が充実すること期待したい。

数学的な見方・考え方が「働く授業」「働かない授業」

・数学的な見方・考え方が「働かない」授業

　上述したことを捉えれば，三角形から導入する授業の場合は，まずは直角三角形を提示し，その求積を課すという授業構成にすればよいということになる。しかし，それは望ましくない。なぜなら，様々な三角形の中で「直角三角形の求積こそが長方形に容易に帰着できるので簡単」ということに気付けることに意味があり，それこそが数学的な見方・考え方だからである。それを，唐突に直角三角形を提示し，「直角三角形の面積の求め方を考えましょう」では，上で述べた大切な気付き，即ち，数学的な見方・考え方が働く場面を奪ってしまうことになる。

　そうだとすると，鋭角三角形を提示し，「三角形の面積を求めましょう」と導入すればよいのだろうか。理想は，直角三角形を想起し，右のような高さの垂線を引いて直角三角形に切り分けることである。しかし，これは思考の飛躍がありすぎる。数学的な見方・考え方を働かせて，上のように直角三角形の存在に気付ける子どもはごく少数であろう。

　だったら，子どもが直角三角形に気づけるように，右のように方眼の上に三角形を描いて提示してみてはどうか。これも本末転倒である。気づいてほしい見方を，指導者側から見せてしまっては，「数学の見方・考え方」を育む指導にはならない。

・数学的な見方・考え方が「働く」授業

　それでは，次に示すような，選択を迫る導入をしてみてはどうだろう。

> この3つから，「これなら簡単に面積を求めることができそう！」と思える三角形を1つ選ぶとしたらどれを選びますか？
>
> 直角三角形　　鋭角三角形　　二等辺三角形

　この問いに対し，子どもが「直角三角形」を選択できれば，そこに数学的な見方・考え方が働いたことになる。

　そして，直角三角形を選択した理由を語らせれば，長方形へ帰着したことが明らかになるだろう。そうなると，「だったら二等辺三角形も二つに折れば直角三角形に分けられる」「（鋭角）三角形も頂点から垂線を引けば直角三角形に分けられる」「二等辺三角形も（鋭角）三角形も囲めば長方形になる」と，他の三角形についても「直角三角形・長方形に帰着することはできないか」という目で見るだろう。これこそが，「数学的な見方・考え方が働く」ということだと考える。

5年

面積　　**135**

5年
09 B図形 四角形や三角形の面積
（盛山隆雄）

育成する資質・能力

○平行四辺形，三角形，台形およびひし形の面積の求め方，面積公式を理解し，公式を用いることができる。
○三角形の高さに伴う面積の変わり方を調べ，比例の関係を捉えることができる。

図形の構成要素等への着目

平行四辺形や三角形の面積を求めるときには，等積変形や倍積変形，そして図形の分割によって，面積を求めることができる図形に帰着するという考え方を指導することがポイントである。

また，ひし形や台形などの面積は，それらの考え方を土台にして類推して考えることを指導する。

もう1つのポイントは，平行四辺形や三角形の面積を求める活動を通して，底辺と高さの意味を理解し，底辺と高さによって面積が決定することを理解することである。

合同な図形でなくても底辺と高さが等しければ面積は等しいという知識理解は，様々な活用問題に使える知識である。

ミスコンセプションについて

厚紙の枠で作った角の大きさを動かせる平行四辺形をつくる。長方形を傾けて平行四辺形にしたとき，変わったこと，変わらないことを尋ねる。そのとき変わらないことの中に，周りの長さや面積が必ずといっていいほど登場する。

面積が変わらないというのは，子どもの典型的な思い込みである。

経験的にもつイメージや思い込みのことを算数では（ミスコンセプション）誤概念という。このミスコンセプションを引き出して吟味し，正しいコンセプションを獲得させる過程が授業である。

具体的には，傾けてできた平行四辺形をさらに倒していくと面積がどんどん減る様子を見ることができる。

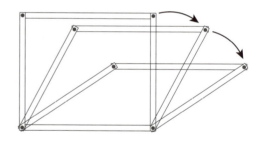

また，長方形と平行四辺形を重ねると面積が異なることを説明することができるだろう。

平行四辺形の求積におけるミスコンセプションは他にもある。平行四辺形の面積は長方形の面積の後に学習する。長方形は，縦×横で求めたので，その方法から類推して，平行四辺形の面積を（斜めの辺）×（底辺）で求めようとするのだ。

三角形の高さに関するミスコンセプションもよく見受けられる。

| 単元指導のポイント |

上底，下底

上底と下底は，台形の平行は2つの辺のことをいう。
台形の上にある辺や，台形の下にある辺という意味ではない。

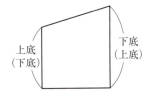

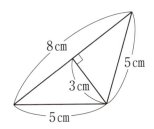

上の三角形の面積を，5×3÷2や5×5÷2としてしまうような間違いがそうである。底辺は下にあるものとの思い込みや，高さとは下に位置する底辺に対して垂直方向にあるものとの思い込みによるものと考えられる。

ミスコンセプションは誤答であるが，ある意味では子どもの素直な考えともいえる。どうして違うのか，子ども自ら考え，納得してから前に進ませることが大切である。

面積の公式を導く

例えば三角形の求積方法として次のような方法が発表されたとする。

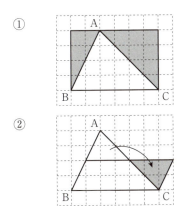

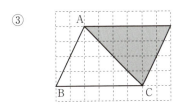

①…4×6÷2＝12　12㎠

長方形の面積の半分。

②…6×(4÷2)＝12　12㎠

平行四辺形の公式の活用。

③…6×4÷2＝12　12㎠

平行四辺形の公式の活用。

これらの式は，変形した図形の形や見方によって異なってくる。

これらの式を言葉の式で捉えなおしてから，共通点を考えさせる。それは，どの式も底辺と高さをかけて2で割っているということである。

その過程を経てから「底辺×高さ÷2」という公式を教えるようにする。三角形の高さも底辺を決めてから見出すことや，平行四辺形の半分という見方から「高さ×底辺」ではなく，「底辺×高さ」とすることを伝える。

式変形をさせて，どの式も「底辺×高さ÷2」にしようとすると無理が生じるので，その点は配慮が必要である。

四角形や三角形の面積　137

5年
10 Ⓑ図形 円と正多角形

(森本隆史)

育成する資質・能力

○円と関連させたときの正多角形の基本的な性質を理解したり，円周率の意味について理解しそれを用いたりすることができる。
○円周の長さと円の直径の長さに着目して，円周と円の直径の関係について考える。

正多角形

いくつかの辺で囲まれた図形のことを多角形という。例えば5本の辺で囲まれた図形は五角形という。多角形の中でも，辺の長さがすべて等しく，角の大きさもすべて等しいものを，正多角形という。正三角形や正方形は正多角形である。

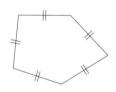

子どもたちの中には「すべての辺の長さが等しい」だけで正五角形になると勘違いしている子どももいる。そこで上の図のように，すべての辺の長さは等しいが角の大きさがちがうものを見せるとよい。また，「すべての角の大きさが等しい」というだけでも正多角形にはならないことを左の図を示して子どもたちに気付かせていきたい。

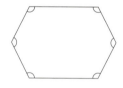

正多角形には円の内側にぴったり入る（円に内接する），円の外側にぴったり接する（円に外接する）などの性質がある。

正多角形の内角はすべて等しいので，正多角形の内角の和を辺の数でわれば，その正多角形の一つの内角を求めることができる。

正多角形の作図

(1) 辺の長さと内角を利用する

例えば，「1辺が2cmの正八角形を書きましょう」という問いには，正八角形の内角を求めて，内角が135°であることを利用して作図していく。ただし，誤差が生じやすい。

(2) 円の中心を等分する

正三角形　正四角形　正五角形　正六角形　正八角形
　　　　　（正方形）

正多角形が円に内接する性質を使って，円の中心を等分して作図する。

円の中心を等分する角（ア）の大きさは，

正三角形　360°÷3=120°

正四角形　360°÷4=90°

正五角形　360°÷5=72°のようにして求める。**作図していくうちに，「だったら正十角形だって，正二十角形だってできるよ」という発言がでるように仕組みたい。**

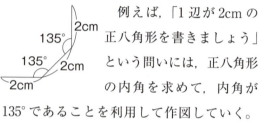

正十角形　正十五角形　正二十角形

単元指導のポイント

プログラミング教育

時代を超えて求められる力であるプログラミング的思考を身につけることが重要であると言われている。そのため、プログラミング的思考と、算数科で身につける論理的な思考とを関連づけるなどの活動を取り入れることが大切になってくる。

(3) 円周を等分する

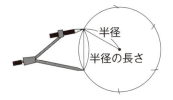

正六角形のときは、半径の長さと正六角形の1辺の長さは、正三角形が6つできることから、同じになる。したがって、円周を半径で区切っていけば正六角形はできる。

アプリでの正多角形の作図

プログラミングのアプリを使って正多角形をかくことができる。このとき、どのような指示を与えるとよいのかについて子どもたちに考えさせる。仮に「5cmの正三角形」をかきたいというときに、子どもたちはどのような指示を出すだろうか。きっと「5cm進んで60°左に曲がる、それを3回くり返す」という指示が頭に浮かぶはずである。ところがプログラミングソフトで実行したときには、正三角形はできない。

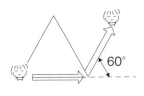

どうしてできないのかを考えさせることに意味がある。そして、どのような指示を与えると正三角形がかけるのか、何度も試行錯誤することが大切である。そして、「60°曲がるのではなく120°曲がる」ということに気付いていく。

円周率

円周について考えるとき、直径の長さと円周の長さには関係がありそうだと子どもたちに気付かせ、円周の長さは直径の長さの何倍になるのかという見通しをもたせる。

下の図のように円に内接する正六角形を見れば、円周の長さは半径の6倍、つまり直径の3倍よりも長いことが分かる。また、円に外接する正方形を見れば、円周の長さは直径の4倍よりは短いことが分かる。

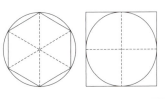

直径×3＜円周＜直径×4

実際に直径がわかっているいくつかの具体物の円周を測定する。何回か測定した後は、表にまとめ、（円周）÷（直径）の値を小数第二位まで計算する。

直径（cm）	4	8	12	16
円周（cm）	12.6	25.1	37.7	50.5
円周÷直径	3.15	3.14	3.14	3.15

帰納的に考えることにより、どんな大きさの円でも円周の長さの直径の長さに対する割合が一定であることを理解できるようにする。 この割合のことを円周率という。小学校では、円周率は3.14を用いるものとしている。

円と正多角形

― 5年 ―

11

B 図形

（田中博史）

角柱と円柱

育成する資質・能力

○角柱や円柱をその構成要素で考察する活動を通して立体図形についての理解を深める。
○角柱や円柱の見取り図や展開図をつくる活動を通して構成要素の位置関係について理解する。
○これまでの立体の見方と比較したりつなげたりして図形を統合的に見る力を育てる。

角柱，円柱という立体図形の名前とその約束を知る

　立体図形はこれまでにも学習してきている。直方体や立方体も見た目は同じなのに，今度は四角柱と呼ぶ。児童にとっては同じ形なのに別の名前があることに戸惑う子もいるだろう。しかし正方形も多角形を学んだ後では正四角形という呼び方もするように，着目するものによって名前が変わることがあることは経験済みである。こうした学習も想起させながら，底面の形に注目して立体図形の呼び方が変わることを理解させていきたい。

　もうひとつ大切なことは柱体の性質として底面に平行な面で切断した時にはいつも底面と同じ図形ができるという点である。

　従って右頁上のような図形も柱体の仲間になる。これは解説書にも書かれているが，こうした性質を持つ柱体のうち，母線が底面に垂直な直柱体のみを小学校では扱うことになっている。しかし，先ほどの柱体の約束を子どもに告げた時に，こうした視点が話題になった時は積極的に取り上げていくことも面白い。

　トランプのカードなどを積み上げて横にずらしていくと，立体が変化していくという体験は児童も持っている。こうした見方がいず

れ体積の学びなどの時にも活きてくるだろう。底面と平行な面で切るとどこも同じ図形になるということは本来はそうではない錐体などと比較して学ばせた方がより理解しやすい。以前の学習指導要領ではその意味もあって取り扱っていた。錐体という名前は教えなくてよいが身の回りにある柱体とは異なる性質のものとして対比させて扱う活動は取り入れてもいい。

図形を観る窓を増やすという意識での学び

　図形の学びは，物事を考察する時の視点の持ち方をどのようにすると，より考察対象のことを深く理解できるかについて，子どもたちにその見方そのものを学ばせているという意識が指導者側に必要だと考える。

　その意味では，これまでの学習で辺や角に着目したことを活かして子どもの方から分類するための視点をあげさせて，それによって立体図形の仲間分けが多様にできることも活動を通して体験させておきたいことである。

　一年生の時に行っていた仲間分けが学年を経て，視点が増えたことによって新たな分類が見えるということは数の学びで，2を偶数，3を奇数として分けていたものを約数の数な

140　5年生の内容の基礎・基本

単元指導のポイント

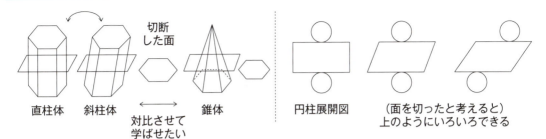

切断した面がすべて同じ形になっている柱体には上のような立体もある。小学校では柱体のみを扱う。

どに注目して分けると2も3も同じ仲間に見えてくるのと同じである。

こうした価値感に立って展開図の学習も取り入れていくと，単なる分解，組み立て作業にならない深い学びになる。

特に円柱の展開図については，これまでの展開図の約束とは異なり底面が点で接していることや側面の辺ではないところで切るということも取り入れざるを得ない。ただこうした視点に立って新しい展開図を考えていくとこれまでの立体図形の展開図も新たな作り方ができて面白くなる。立方体の展開図を辺でなく面で切って遊ぶ実践もこうした視点の変化という価値づけができていれば単なる形遊びにならない有意義なものになる。

図形の構成要素を数値化したことによって立体図形の見え方が変わるという学び

上のような表をつくって立体図形の構成要素を整理するという学習は教科書でも紹介されている。しかし，こうして数値化したことによってそれまでは見えなかったことが話題になると整理することの意味も見えてくる。

どのきまりを話題にしても面白い考察がで

	四角柱	五角柱	六角柱
頂点の数	8	10	12
辺の数	12	15	18
面の数	6	7	8

きるが，ここでは辺の数に注目してみる。どうして底面の辺の数がひとつ増えると辺の合計が3本ずつ増えるのかを子どもに問うと，次のような図形のフレームが見えてくるようになる。

つまり，角柱はこの基本フレームが横に連続してつながったものと見えてくると，4年生で学んだ梯子型のマッチ棒の数を数える学習とのつながりも見えてくる。あの時は1を付け加えて足したのだが，今回は一周してつながるので1が必要ない。こうして別の学びだと思っていたものが繋がってくると学びも楽しくなるし，深くなる。知識と知識が繋がっていく瞬間を大切にして子どもの声を聞き取っていきたいものである。

角柱と円柱　141

── 5年 ──
12

Ⓒ変化と関係
（山本良和）

比例

育成する資質・能力

○比例の意味とその存在を知り，簡単な場合について数理的な事象を比例の観点から見直すことができる。

○伴って変わる二つの数量の関係を表に整理し，比例の観点から考察することができる。

比例

第4学年で伴って変わる二つの数量の関係の存在を学習した子どもに，第5学年では，簡単な場合について比例の関係を指導する。ここで言う簡単な場合とは，伴って変わる2つの量□と○の関係を表に整理して，□が2倍，3倍……になると，それに伴って○も2倍，3倍……になる場合に，○は□に比例するということを知る程度を意味する。

考えてみると，このような事象は子どもにとっても決して珍しいものではない。例えば，「1つ30円の飴の個数と代金」や「縦の長さが5cmと決まっている長方形の横の長さと面積」など，かけ算が成立する場面がそれにあたる。これらの変わり方を，表の中に数量を当てはめながら調べていくことを通して，二つの数量の対応や変化の仕方の特徴を見いだすことができるようにするのが本単元でのねらいとなる。特に，これまでに指導してきたかけ算の場面を変化という視点から見直すということを意識づけたい。

また，**比例の関係を的確にとらえられるようにするためには，子どもが見いだした特徴やきまりを言語表現する**ことが大事になる。

例えば，縦の長さが決まっている長方形の面積であれば「横の長さが2倍，3倍……になれば，面積も2倍，3倍……になる」と言葉で表現したり，表の中に矢印を書き入れて，2倍，3倍という変化を表したりするようなことである。

比例の指導時期

ところで，第5学年の学習内容は比例を前提としているものが多い。例えば，小数のかけ算やわり算，底面が同じ直方体の高さと体積，底辺の長さが同じ三角形や平行四辺形の高さと面積等では，比例関係の存在が前提となっている。そのため，これらの学習の前に比例を扱っておくと，比例の考えを子どもたち共通の土台として学習を進めることができる。つまり，「一方が2倍，3倍……になれば，もう一方も2倍，3倍……になる」という見方の共有である。よって，比例を他の単元とは別個の一単元ととらえて指導するのではなく，他の単元と関連付けて指導することを意識したい。結果的に比例がいろいろな場面に存在しているということがわかるとともに，子どもに比例の見方を定着させることにもなる。つまり，比例以外の新しい単元の学習場面において何度も繰り返し比例を意識させることで，数理的事象の中に存在す比例を印象

単元指導のポイント

比例の関係が分かる教具

① 表

あめの個数□個	1	2	3	4	5	6
あめの代金○円	30	60	90	120	150	180

② 数直線

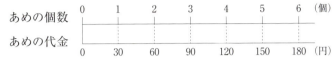

づけるわけである。

なお，第5学年では文字を扱わないので，比例は「2つの変わる量□と○があって，□が2倍，3倍……になると○も2倍，3倍になるとき，○は□に比例する」というように記号を使って定義される。

比例の表

比例の関係は表を用いるとはっきりわかる。しかし，教師から一方的に「表に整理してみましょう」と投げかけたとしても，子どもにとっては表にする必要感がないので何のために表にしているのかわからない。

そこで，例えば「縦の長さが5cmで横の長さが□cmの長方形の面積は何cm²でしょう」という□抜きの問題場面を提示し，□にいろいろな数を当てはめたときの面積を調べるようにしてみる。すると，□の中にはいろいろな数が入ることが理解できるとともに，それぞれの横の長さのときの面積の変化にも目が向く。このとき，次図のような短冊カードに横の長さと面積を記録し，あえてバラバラに提示すると，子どもから「並び替えたい」という声が挙がる。横の長さの数値（上段）が小さいものから大きいものへカードを並び替えると，自ずと表の形が見えてくる。子どもは自らの意思で並び替えているので，そこに並んだ数の規則性にも目を向ける。

比例の関係を表す数直線

比例の関係を表現する道具として表とともに重視されるのが上に示したような数直線である。「対応数直線」とか「比例数直線」と呼ばれるが，これ自体は最初に教師が教えるものであって，決して子どもに発明させるものではない。なお，指導にあたっては，上に示したように数直線を表と並べて提示すると，その仕組みが理解しやすい。表と対比することで，数直線ではメモリの上に数があることや，最初のメモリの数値が0であるという気づきも生まれる。

この数直線は，小数のかけ算やわり算，分数のかけ算やわり算の学習においても，比例を根拠に演算を決定できる道具であり，その意味やよさについて大事に扱っておきたいものである。そのため，具体的な問題場面に応じて子ども自身が数直線をかく活動を意図的に設定し，子どもにとっての問題解決の道具となるように配慮する必要がある。

比例　143

— 5年 —

13

Ⓒ変化と関係

（夏坂哲志）

単位量あたりの大きさ

育成する資質・能力

○単位量当たりの大きさの意味及び表し方に理解し，それを求めることができる。
○異種の2つの量で表されている場面において，そのままでは比べられないときに，1つの量をそろえれば比べられることに気づき，その方法について考えることができる。

異種の2量の割合を比べる

2つの量を比べる方法の1つとして，「差」で比べる方法がある。例えば，「2本の鉛筆があります。どちらが長いでしょうか」というときには，「長さ」という1つの量で比べることができるわけである。

これに対し，バスケットボールのゴールのうまさのように，シュートした回数と成功した回数という2つの量で表されているときには，成功した回数だけでは比べることができない。このように，同種の2量で表されているものを比べるために「割合」を用いる。

同様に，**異種の2量で成り立つものを比べる**方法として「単位量当たりの大きさ」を学ぶ。

例えば，次のような場面である。

> 20 ㎡で12人が遊んでいる砂場Aと，30 ㎡で15人が遊んでいる砂場Bがあります。どちらが混んでいるでしょうか。

面積が同じ場合には人数だけで，人数が同じ場合には面積だけで比べることができるが，面積も人数も異なるので，このままでは比べることができない。そこで，**面積と人数という2つの量のうち，「どちらかをそろえる」**ことによって比べられるようになる。

2量のうちどちらかを「そろえる」

「そろえる」方法はいろいろ考えられる。

例えば，次のような計算で面積をそろえることによって，同じ面積当たりの人数で比べることができるようになる。

① 10 ㎡当たりの人数で比べる

A：12÷2＝6（人）　B：15÷3＝5（人）

② 60 ㎡当たりの人数で比べる

A：12×3＝36（人）　B：15×2＝30（人）

③ 1 ㎡当たりの人数で比べる

A：12÷20＝0.6（人）B：15÷30＝0.5（人）

①，②は，20と30の公約数や公倍数にそろえるというやり方である。③のように単位量にそろえる方法は，いつでも（数値が複雑なとき，3つ以上のものを比べるときなど）使える方法と言える。

いずれにしろ，同じ面積当たりの人数が多い方が「混んでいる」と言える。

同じように，人数をそろえて比べることもできる。例えば，1人当たりの面積を求めて比べると次のようになる。

A：20÷12＝1.666…（㎡）

B：30÷15＝2（㎡）

今度は，1人当たりの面積が狭い方が「混んでいる」ということになる。計算で求めら

144　5年生の内容の基礎・基本

単元指導のポイント

平均：いくつかの数や量を，同じ大きさになるようにならしたものを，もとの数や量の「平均」という。
　平均＝合計÷個数
※「単位量当たりの大きさ」は「C 変化と関係」領域，「平均」は「D データの活用」領域であるが，「単位量当たりの大きさ」の学習では平均化の考えを用いるので，同じ単元の中で学習することが多い。

れた値の小さい方が「混んでいる」ことになるので，判断に迷う子もいる。

混み具合の他に，作物の取れ高，人口密度，仕事量，速さなども，単位量当たりの大きさを表したものである。

図などを使ってイメージをもたせる

数値だけを見て混み具合などを考えようとしても，その計算のイメージはわきにくい。そこで，問題場面を図に表したり実際に子ども達を並ばせたりしながら考えていくとよい。

［例題］13人で合宿に出かけ，部屋割りをしました。（●は人を表す。）

1号室　　2号室

子ども達は「それだと不公平」「1号室の方がゆったりしている」「2号室は窮屈そう」のような言葉で，「2号室の方が混んでいる」ことを表現する。

はじめは見た目で判断しているのだが，そのうちに，「きっと2号室は1号室（正方形）の2つ分だよ」と言い出す子がいる。調べてみると確かにその通りである。「だったら，2号室の真ん中に線を引いてみればよい」「2号室は1つの正方形の中に5人いるけど，1号室は3人」「やっぱり2号室の方が混んでいる」というように，同じ面積の中にいる人数で比べるアイディアが出てくる。

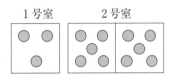

このことを式で表すと，10÷2＝5となる。

さらに話を続けて，「では，2号室から1人ずつ部屋の外に出していくので，混み具合が同じになったらストップをかけてね」と言う。子ども達は，下の図の状態になった時点で「ストップ」をかける。

どちらの部屋も1つの正方形の中に3人ずついるので，「混み具合が同じ」と言える。このようなことを視覚的に確認しながら計算と結びつけていきたい。

平均化の考え

砂場などの混み具合などを比べる場合，実際にはそこに等間隔で人が並んでいるわけではない。人が集まっている場所もあれば，まばらな所もある。けれども，それを，全体に均等にちらばっていると考えて先述のような計算をしているわけである。

このような平均化の考えを使っていることを，子ども達に感じ取らせたい。

単位量あたりの大きさ

― 5年 ―

14

Ⓒ変化と関係

（細水保宏）

速さ

育成する資質・能力

○速さの意味及び表し方を理解し，速さや道のり，時間を求めることができる。
○異種の二つの量の割合として捉えられる数量の関係に着目し，目的に応じて大きさを比べたり表現したりする方法を考察し，それらを日常生活に生かすことができるようにする。

「速さ」の指導のポイント

「速さ」はこれまで扱ってきた量と異なり，「長さ」と「時間」の2量の関係（割合）で表される。したがって，これまでの量の測定の考え方では数値化することはできない。

そこで，日常の場面と結びつけたり，図などを用いてイメージ化を図ったりしていく活動を大切にしていきたい。

一般的に，「速さ」の概念を導入する際，先に時間と長さの2量が与えられている場合が多く，速さが何に関係しているかを意識させることが少ない。

そこで，身の回りで速さの考えが用いられている場面と結びつけながら，速い・遅いは2量（長さと時間）に関係していることが意識づけられるようにする活動が大切である。

そのためには，速さを比べるのに必要な条件を子どもたちに考えさせたり，子どもの考えを引き出したり深めたりする発問や助言を意図的に投げかけたりしていくとよい。

例えば，最初に「新幹線の速さ比べ」の場面を設定する。

①「どちらの新幹線が速いでしょう」

東海道・山陽新幹線／東北新幹線

どちらの新幹線が速いかを予想させ，「ど

のようにすれば比べられるか？」との「問い」をもたせていく。

②「どんなことがわかれば速さが比べられるでしょうか？」

・始発から終点までの営業キロ数

・出発時刻と到着時刻

速さ比べには「長さ」と「時間」の2量が必要であることを押さえ，実際に比べてみるために，時刻表から必要なデータを読み取らせるようにする（実際には，営業キロ数と走行キロ数とは異なるため，単純にはこの数値では比べることはできない）。

・東海道・山陽新幹線：のぞみ（始発）

東京―博多　　1174.9 km　4時間56分

・東北新幹線：はやぶさ（始発）

東京―新青森　　713.7 km　3時間17分

③データを基に比べる

東京―博多　　約1200 km　5時間00分

東京―新青森　　約700 km　3時間00分

それらのデータを比べる活動を通して，単位時間，あるいは単位長さに揃えれば比べられることに気づかせていく。

実際の数値であるので，電卓を使って，計算の負担を少なくする工夫も効果的である。

また，最高速度や平均速度に気づく子ども

146　5年生の内容の基礎・基本

| 単元指導のポイント |

「速さ」を表す方法

① 長さを単位量として揃えて「単位長さを進む時間」で表す方法
　・陸上や水泳競技など

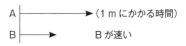

② 時間を単位量として揃えて「単位時間に進む長さ」で表す方法
　・時速，分速，秒速など

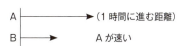

※一般的には，速い方に大きな数値を対応させるため，②の方法を用いている。

がいたら，そのことを話題にしていきたい。

なお，新幹線の最高時速は次の通りである。

・東海道・山陽新幹線：のぞみ
　姫路—博多間　　最高速度 300 km/h
・東北新幹線：はやぶさ
　宇都宮—盛岡間　最高速度 320 km/h

数直線や式表現などを通して，速さのイメージを豊かにする

ただ，速さの公式を理解してそれを使えるようにすることをねらいとするのではなく，数直線や式表現などの活用を通して，速さを視覚的に捉えたり，また日常生活で使われている場面と結びつけてそのよさを味わったりしていきながら，速さが2量の関係で捉えられるというイメージを持てるようにしていくことが大切である。

例えば，2時間30分で1000 km飛ぶ飛行機の時速を求めるとき，

・2.5時間　　1000 km
　÷2.5 ↓　　　↓÷2.5
　1時間　　□ km　　1000÷2.5＝400
・1000×2÷5（5時間で飛ぶ距離÷5）
・1000÷5×2（0.5時間で飛ぶ距離×2）

といった，時間と長さという2量の関係を捉えていきながら，公式を導き出していくことができるようにしていきたい。

また，「速さ＝道のり÷時間」という公式を導き出せると，それらを用いて時速や秒速を求めるようにすることに重点が置かれがちになる。ただ公式に当てはめて計算できるようにするのではなく，道のり，速さ，時間の関係をしっかり捉えさせ，それぞれがわからないときの公式も導き出させていきたい。

道のり＝速さ×時間　　時間＝道のり÷速さ

さらに，未知数 x を用いれば1つの公式だけ覚えればよいことにも気づかせていきたい。

日常生活に広げていく活動を積極的に

学習したことを基に，日常生活を見直していくことにより，発見する楽しさを味わうことができる。

例えば，「身の周りのものの速さ比べ」の場面を設定する。いろいろ調べながら，速さに対する関心も感覚も豊かになってくる。

・飛行機の速さ　　　　　　　時速 1000 km
・リニアモーターカー　　　　時速 581 km
・鳥類の速さ：はやぶさ　　　時速 300 km
・ほ乳類1位：チーター　　　 時速 110 km
・人間の走る速さ 100 m 9.58 秒　時速 37.58 km

速さ　147

— 5年 —
15
Ⓒ変化と関係
割合

（大野桂）

育成する資質・能力

○「比例関係」や「全体と部分の関係」に着目しながら，「割合の意味」を明確にしていくことができ，その意味から，割合を求める式を発見・創造することができる。
○（日常の）様々な場面や状況において，割合を活用することでその問題解決に向かうことができる。

「割合」の授業づくりの前提

　割合は，数の相対的な大きさの把握，数量関係の把握に用いられるなど，算数において極めて重要な概念である。だから，「割合の意味」を正確に理解させ，様々な場面において，その概念を活用できるよう指導する必要がある。そのためには，割合の概念を明らかにしていくプロセス，つまり割合の意味や式が発見・創造される活動を重視して実践することが大切となる。

先行実践から見える割合の授業の問題点

　割合の概念を明らかにしていくプロセスを大切にした実践はこれまでも行われてきた。しかし，それらの実践を見てみると，検討すべき課題も見える。

　「シュートの上手さ」を課題とした実践を例に，それらの問題点を明らかにしてみる。

シュートをしました。誰が上手でしょうか。		
	投げた数（回）	入った数（回）
Aさん	10	8
Bさん	8	6

（1）異なった割合を追究することへの是非

　多く実践では，この「シュートの上手さ」の課題と同様，「異なる割合」を求める場面を設定している。これが1つ目の問題である。

　そもそも，概念とは，「幾つかの一見異なったものの中に，共通するものを見出す」ということが行われる際に構築される。例えば，二等辺三角形の導入授業で，大きさも形も異なる様々な三角形の2つの辺の長さに着目し，その長さが等しいと見れば仲間と見ることができ，それを二等辺三角形と定義する。これが，「一見異なるものの中に共通点を見出し，仲間分けすることで概念を構築する」である。

　つまり，概念形成の授業は，進んで共通点を探そうとする活動が必要となるのだが，異なる割合を求めるのでは，そういった概念形成の活動が行われないのである。

（2）比例を仮定することの困難性

　シュートの課題で，「$8 \div 10 = 0.8$，$6 \div 8 = 0.75$」という式を立て，その結果「Aさんの方が上手い」という結論を導きだしたとする。しかし，この記述では基準量が揃えられている行為が見えない。基準量を揃えるとは，「Aさんは，10回中8回入ったということは，4倍すると40回中32回入り，Bさんは8回中6回入ったということは，5倍すると，40回中30回入ると仮定できる。そう考えると，Aさんの方が上手い」ということである。すなわち，基準量を揃える際には，2つの数

148　5年生の内容の基礎・基本

単元指導のポイント

割合の導入授業で重視する点

① 「同じ割合」の意味の追求……概念形成をする際には，「同じ」とみることが必須。
② 「同じ割合」となる数対を比例の見方でつくる活動の設定……比例を意識させる。
③ 積極的な図の利用……視覚で割合を捉えることで理解が促進される。
④ 「差による比較」の適切性の議論を重視……「倍による比較」との対比で理解を促進させる。
⑤ 比例関係が容易に認められる（仮定できる）素材の選定……スムーズな思考を促す。

量関係に比例を仮定して行う必要がある。

ここで問題点が見えてくる。それは，シュートの課題には「比例と仮定する」という行為，つまり「同じ割合でシュートが入る」という仮定が，子どもにとって受け入れ難いのである。子どもは，「この先何本シュートをしても，ずっと同じ割合で入り続ける」とは，なかなか思えないのが実際である。

割合の導入授業で重視する点

問題点を解消すべく，次の素材を提案する。

> ①
> ②
> ①の短いチョコ棒と「同じチョコ具合」で，②の長いビスケット棒にチョコを塗ります。どれだけ塗ればいいでしょうか？
> ①全体の長さ 15 cm　チョコの長さ 9 cm
> ②全体の長さ 20 cm

（1）「割合を創る活動」の重視

大前提として，割合の導入授業は，「割合を創る活動を通して，割合の意味を発見・創造していく授業」でなければならない。

上の素材で言えば，「チョコを何 cm 塗るか考える」という活動が「割合を創る」であり，「同じチョコ具合」とは何かを考える活動が「割合の意味を考える」に当たる。

（2）「同じ割合」を追究する活動の重視

本実践では，「同じ割合」であることを明らかにすることが課題となる。上の問題のビスケット棒が 20 cm の場合だけでチョコを塗るのではなく，下の表のように，多くの同じ割合のチョコと棒の数対をつくらせ見出させ，「長さは様々なのに"同じチョコ具合"とはどういうことか」を話し合わせ，割合の概念を明確にしていくのである。

チョコ部分	3	9	12	36
全体	5	15	20	60

（3）比例関係が認められる連続量での導入

チョコを塗るという導入素材としたのは，比例関係を容易に認めることができる連続量だからである。その理由は，割合が比例関係を仮定とした際の考えであることを意識させるためである。

チョコ部分	3	(6)	9	12
全体	5	(10)	15	20

×4 ÷3 ÷3 ×4

（4）図表現の活用で，"同じ"を視覚で捉える

上の表に示したチョコ棒を紙テープで実際につくらせ，右のように表現することで，視覚的にも比例関係が仮定されていることが意識されやすくなる。同じ割合であるという共通性に気づきやすいという効果も期待できるであろう。

5年
16 円グラフと帯グラフ
Ｄ データの活用　　　　　　　　　　　　　　　（森本隆史）

育成する資質・能力

○円グラフや帯グラフの特徴とそれらの用い方を理解したり，データ収集や適切な手法の選択など統計的な問題解決の方法を知ったりすることができる。
○問題を解決するために適切なグラフを選択して判断し，結論について多面的に捉えて考察する。

全体と部分，部分と部分が見えやすい円グラフ，帯グラフ

第5学年では，一連の統計的な問題解決ができるようになることをねらいとしている。目的に応じたデータの収集や分類整理，問題を解決するために適切なグラフや表を選択することなどである。さらに，そこで得た結果について多面的に捉えて考察することができることも大切である。

また，この過程で資料の全体と部分，部分と部分の間の関係を調べるのに都合のよいグラフとして，円グラフと帯グラフを扱う。

円グラフ

円グラフとは，データを分類整理してから各項目の割合に対応させて，円をおうぎ形に区切って表したグラフのことである。

円グラフは，$\frac{1}{2}$や$\frac{1}{4}$といった割合やデータの内訳がどのようになっているかについて，全体と部分の割合が視覚的に捉えやすいという特徴がある。円グラフには，円の中心に小さい円をかき，そこに合計を示すドーナツ図表もある。合計が書かれているので，見やすくなっている。

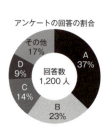

帯グラフ

帯グラフは，帯状の長方形を割合に対応させていくつかの長方形に区切って表したものである。

複数のデータについて項目の割合を比較するには帯グラフが便利である。

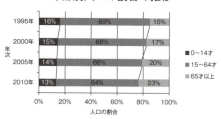

年齢別人口の割合の推移

帯グラフは，上に示したように，年次の変化を分析するときに便利である。ただし，複数の帯グラフを上のように並べる場合は，全体量が異なっている場合がある。割合が小さくても全体量が大きいため，部分の量が大きいという場合もあるので，注意が必要である。

グラフのかき方

(1) 円グラフ

まず，全体に対するそれぞれの部分の割合を出し，それらの値を360°にかけて中心角を求める。しかし，5年生では難しいので実際には円周を100等分した用紙を利用してかく。

単元指導のポイント

第5学年における統計的探究プロセス
「問題→計画→データ→分析→結論」の指導のポイント

○第5学年では，身の回りの事象の中で興味，関心のあるものから問題を設定し，見通しを立て，データを収集，分類整理して，グラフや表に表し，データの特徴や傾向をつかみ，結論をまとめること，さらに新たな問題を見いだすことが大切にされている。

○割合で見ていたものを量で見直して，データの特徴や傾向を見直す活動も体験させる。

(2) 帯グラフ

全体の長さを適当にとり，その長さを100等分する。全体に対する部分の割合を算出し，左から区切っていく。

どちらのグラフも割合の大きい順に並べていくのが一般的で，「その他」は最後にする。

複数の帯グラフ

帯グラフは割合を表す。下の帯グラフのように，3つの帯グラフを同時に示したときに，部分が全体の何%を表しているかはすぐにわかるが，それぞれの人口はわかりづらい。

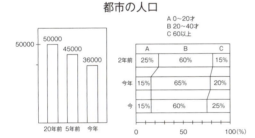

そこで，子どもたちに「10年前の(A)と10年前の(C)の人口はどちらが多い」と問いかける。子どもたちは「15%と20%だから(C)の方が人口は多いよ」と言うだろう。次に「10年前の(C)の人口と今の(C)の人口はどちらが多い」と問う。「今の(C)は25%，10年前の(C)は20%なので，25%の方が多いはずだよ。だから，今の(C)の人口の方が多いと思うよ」という子

どもが何人もいるはずである。割合を表している部分に着目しているが，全体に意識が向いていない状態である。子どもの中に気付きが生まれない場合は，今と10年前の100%が何人を表しているのかについて考えさせる。その後，それぞれの全体量がちがうので，下のような式が出てくる。

今の(C)は25% → 45000×0.2＝9000

10年前の(C)は20% → 36000×0.25＝9000

式で計算すると，どちらも9000人となることがわかるであろう。帯グラフのよさと注意すべきことを子どもたちに気付かせることが大切である。

統計的な問題解決の方法

第5学年では，日常生活に起こる事象について，その事象の因果関係や傾向を捉えるだけでなく，データに基づいて判断する統計的な問題解決の方法を知り，その方法で考察していくことができるようにする。

問題解決のためにデータ収集をし，そのデータを分析するにあたり，どの表やグラフに表すのがよいかを判断する。その表やグラフを見て，データの特徴や傾向をつかむ。しかし，出した結論に満足せず，自分たちが出した結論を別の観点から見直すという経験をさせていくことが大切となる。

― 6年 ―

01

A数と計算

（盛山隆雄）

文字を使った式

育成する資質・能力

○数量を表わす言葉や□，△などの代わりに，a，xなどの文字を用いて式に表したり，文字に数をあてはめて調べたりすることができる。

○問題解決の数量の関係に着目し，数量の関係を簡潔かつ一般的に表現したり，式の意味を読み取ったりすることができる。

中学数学への素地としての指導

中学校における文字を用いる意味には，次のようなことがある。

・数量の関係や法則などを簡潔，明瞭にしかも一般的に表現する。

・数量の意味を具体的な場面の意味にとらわれないで，抽象的な数の関係として形式的に考察する。

・自分の思考の過程を表現し，他者に的確に伝える。

これらのことを踏まえ，小学校では次のような学習に取り組ませる。

a，xなどの文字を使って未知の数量や任意の数を表すとともに，数量の関係に着目し簡潔かつ一般的に式に表したり，式から具体的な事柄を読み取ったりして考察できるようにする。

また，文字に順序よく数をあてはめて答えを求めるなど，問題解決に文字を用いた式を活用することで，数量の関係や自分の思考過程を簡潔に表現できるよさに気づき，進んで生活や学習に活用できるようにする。

子どもが文字を用いたくなる場面

□や△などを用いて表したくなる場面をつくり，その□や△を文字に置き換えるように

する。具体的な事例をあげて説明する。

「誕生日当て」の計算をする。

①生まれた月に7を足す。

②その答えに100をかける。

③その答えに自分の生まれた日をたす。

④その答えから700を引く。

この一連の計算をしていくと，子どもにとって不思議なことがおこる。

もしも12月18日生まれなら，答えが1218になるのだ。

これを見た子どもたちは，きっと「どうしてそうなるのかな？」と問いをもつ。そして，生まれた月を□，生まれた日を△などと置いて式に表し，そのしくみを探ろうとする。

(□＋7)×100＋△－700

式を展開すると，

□×100＋700＋△－700＝□×100＋△

これを見て，

「なるほど，だからいつも生まれた月と日にちの数字が並ぶんだ！」

と納得するにちがいない。

このような機会をとらえて，場面や数量の関係を式に表すときに，□や○，△などの記号のかわりにxやa，bなどの文字を使うことがあることを指導する。

152　6年生の内容の基礎・基本

単元指導のポイント

【文字を使って表す数】
- 未知数…まだわかっていない数であり，決まった数が当てはまる。未知数を求めるには，逆算をしたり，文字に順序良く数を当てはめたりして考察する。
- 変数……ある範囲の数をいろいろにとりうる数で，2つの数量の関係を2つの文字を用いた式に表すことが多い。

変量を表す文字を使った式

文字には次のような役割があるので，文字を用いるよさに気づくように指導したい。

① 未知の決まった数（未知数）を表わす。
② ある範囲の数をいろいろにとりうる変量を表わす。
③ 一般的ないろいろな数（任意の数）を表わす。

例えば，次のようにご石を正三角形状に置いたとする。ご石は全部でいくつか，という問題がある。

次のような式で求めることができるだろう。

ア．$4 \times 3 - 3 = 9$

イ．$3 \times 3 = 9$

この後，一辺のご石の数を多くして，総数を求めてみる。

◆一辺10個の場合

ア'．$10 \times 3 - 3 = 27$

イ'．$9 \times 3 = 27$

◆一辺が100個の場合

ア"．$100 \times 3 - 3 = 297$

イ"．$99 \times 3 = 297$

このように考えていくと，子どもは
「式の一部分だけ変えればいいんだ」
と言って，言葉で説明したり，言葉の式で表したりする。

ア （一辺の数）×3－3＝（総数）

イ （一辺の数－1）×3＝（総数）

このとき，一辺の数をa個と文字を使って表すことができることを教える。このように指導していけば，aという文字が変量を表わす文字であることを理解することができるだろう。

子どもにとって文字を使った式は，抽象度が高く，わかりにくいイメージがある。

そのため，今までの□や△といった記号，言葉を使った式などの既習と関連させて指導することが大切である。

数量関係を一般的に表す文字を使った式

例えば，三角形の底辺と面積の数量の関係を式に表すと，$a \times 6 \times \frac{1}{2} = b$ と，一般的に表すことができる。

この式から底辺が決まると面積も決まることや，底辺と面積には比例関係があることを読み取ることが大切である。

また，文字には，整数だけでなく，小数や分数も当てはめることができることに着目し，数の範囲を拡張して考えることができるようにすることも重要である。

6年
02 分数×分数
A 数と計算　　　　　　　　　　　　　　　　　　（大野桂）

育成する資質・能力
○数直線や図などを活用することで演算決定をすることができるとともに，数直線や図と式とを関連付けながら，計算の仕方を考えることができる。
○既習の計算の仕方や計算のきまりを活用して，発想豊かに，筋道立てて計算の仕方を創りあげていくことができる。

（分数）×（分数）の学習について

（分数）×（分数）の学習では，計算の仕方を理解させることがねらいとなる。それは，計算の仕方を単に知ることではなく，**計算の仕方を創りあげていくプロセスを経験する**ということである。なぜなら，そこに「**既習事項を活用して，筋道立てて考える**」という算数を学ぶ重要な価値が存在するからである。

演算決定

分数×分数の計算指導は文章問題で導入される。ということは，まず取り組むべきことは**演算決定**となる。

> 1Lで $\frac{3}{4}$ ㎡ぬれるペンキがあります。
> $\frac{3}{5}$ Lでは何㎡ぬれるでしょう。

> C　式は $\frac{3}{4} \times \frac{3}{5}$ になります。
> T　なぜそのような式になったのですか？

演算決定の根拠を明らかにさせることは，計算指導では欠かせない。高学年であれば，**演算決定に比例直線を活用させてもよい**。なぜなら，比例直線は演算決定の道具となり得るのはもちろんのこと，次のように**計算の仕方を考えることにも有効に働く**からである。

数値の吟味
—小数にできる分数で導入—

先行実践の多くは，小数に変換できない分数の数値で導入している。これは公式に至らせるために，あくまで分数のままで解決させ，工夫した解決方法を授業で表出させないという意図があるためである。しかし，$\frac{3}{4} \times \frac{3}{5}$ という，あえて小数にできる式で導入したらどうなるだろう。そうすることで，次のような効果が期待できる。

・小数の乗法を振り返りで，全員が求答できる場を設定できる

> C　分数が小数にできるから整数に直して…
> $\frac{3}{4} \times \frac{3}{5}$＝0.75×0.6
> ＝0.75×100×0.6×10÷(100×10)
> ＝75×6÷(100×10)
> ＝450÷1000
> ＝0.45 $\left(\frac{9}{20}\right)$

単元指導のポイント

$\dfrac{a}{b} \times \dfrac{c}{d} = \dfrac{a\times c}{b\times d}$ へと式の変形をする

$\dfrac{a}{b} \times \dfrac{c}{d} = \dfrac{a}{b} \times (c \div d)$　$\boxed{\dfrac{A}{B} = A \div B}$

$\qquad\quad = \dfrac{a \times c \div d}{b}$　$\boxed{\dfrac{A}{B} = \dfrac{A\times C}{B\times C}}$

$\qquad\quad = \dfrac{a \times c \div d \times d}{b \times d} = \dfrac{a\times c}{b\times d}$

$\boxed{\text{かけた分，割る}}$

$\dfrac{a}{b} \times \dfrac{c}{d} = \dfrac{a}{b} \times b \times \dfrac{c}{d} \times d \div (b\times d)$

$\qquad\quad = (a\times c) \div (b\times d)$

$\qquad\quad = \dfrac{a\times c}{b\times d}$　$\boxed{A \div B = \dfrac{A}{B}}$

「整数になおす」というアイデアの活用

　小数に変換できる分数で導入したことで，「整数に直して計算する」という方法はすでに板書に示されている。そこで，**分数を小数にできない場合にも，「整数に直す」アイデアが活用できる**ことに気付かせていく。

> T　小数は整数にしましたが，小数にできない分数だったら分数のまま計算するの？
>
> C　やっぱり整数に直せばいい。
>
> C　4をかければ整数になる。　$\dfrac{3}{4} \times 4 = 3$
>
> C　$\dfrac{3}{5}$ は5をかける。　$\dfrac{3}{5} \times 5 = 3$

「一般化」へ向けて形式を整える

　商分数 $a \div b = \dfrac{a}{b}$ を活用していくことで，積を求めるとともに，$\dfrac{a}{b} \times \dfrac{c}{d} = \dfrac{a \times c}{b \times d}$ の計算形式となることを明らかにする。

> $\dfrac{3}{4} \times \dfrac{3}{5} = \dfrac{3}{4} \times 4 \times \dfrac{3}{5} \times 5$
>
> $\qquad\quad = 3 \times 3$
>
> $\qquad\quad = 9$
>
> C　答えが9になった。
>
> C　かけた ×4×5 は，割ってもとにもどす。
>
> $\dfrac{3}{4} \times \dfrac{3}{5} = \dfrac{3}{4} \times 4 \times \dfrac{3}{5} \times 5 \div 4 \div 5$
>
> $\qquad\quad = (3 \times 3) \div (4 \times 5)$

> T　$a \div b = \dfrac{a}{b}$ を使って，分数の形にするとどんな式になりますか？
>
> $\dfrac{3}{4} \times \dfrac{3}{5} = (3 \times 3) \div (4 \times 5) = \dfrac{3 \times 3}{4 \times 5}$
>
> C　分母同士，分子同士かける形になった。

「関連付ける」ことに重点を置く

　分数と小数とを関係付け，その計算方法も関連付けることで，解決の見通しを持つことができ，さらには演繹的に分数のかけ算公式を見出すことができる。

　「似たような問題はなかったか。その時の解決方法が使えるのではないか」と考えることができれば，未知の問題に対しても，既知のことと関連づけて解決することが可能となる。つまり，子どもが直面した問題に向き合えるかどうかは，解決の見通しが立つかどうかが鍵ということだ。解決の見通しを持つためには，当然，問題を解決する手段を持っておく必要があり，そして，それを必要に応じて使えなければならない。

　算数の授業を組み立てる際には，単に問題を解決させるのではなく，**「問題を解決する手段を手に入れさせ，それをいかに使えるようにするか」**ということも，学習指導の基礎基本であると考える。

03 分数÷分数

6年 A 数と計算

（大野桂）

育成する資質・能力

○数直線や図などを活用することで演算決定をすることができるとともに、数直線や図と式とを関連付けながら、計算の仕方を考えることができる。
○既習の計算の仕方や計算のきまりを活用して、発想豊かに、筋道立てて計算の仕方を創りあげていくことができる。

比例数直線を用いた演算決定と計算方法

（分数）÷（分数）の学習は、普通、以下のような文章問題で導入される。

> 3/4 dL で 2/5 m² ぬれるペンキがあります。1 dL では何 m² ぬれるでしょうか。

そうすると、まず取り組むべきことは演算決定となる。演算決定には、比例数直線を用いさせるのが有効な手段となる。

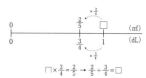

$$□ \times \frac{3}{4} = \frac{2}{5} \rightarrow \frac{2}{5} \div \frac{3}{4} = □$$

この比例数直線は、計算の仕方を考えることにも有効に働く。

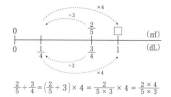

$$\frac{2}{5} \div \frac{3}{4} = \left(\frac{2}{5} \div 3\right) \times 4 = \frac{2}{5 \times 3} \times 4 = \frac{2 \times 4}{5 \times 3}$$

数直線図を式と関連付けながら計算の仕方を見出せるよう指導することが大切である。

面積図を用いた計算方法

分数÷分数の計算の仕方は、問題文を面積図に表すことで説明することができる。

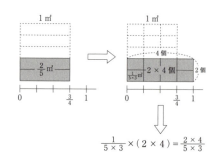

$$\frac{1}{5 \times 3} \times (2 \times 4) = \frac{2 \times 4}{5 \times 3}$$

この面積図は、教師にとっては、分数÷分数の計算の仕方を説明するのに有用である。しかしながら、子ども自らでこの図をかき、計算の仕方を見出させるには、複雑な構造の図なので、困難な図であるといえる。

（分数）×（分数）の計算の仕方を発想の源とする計算の仕方

（分数）×（分数）の、「分母同士、分子同士をかける」は既習である。すると、（分数）÷（分数）でも、「分母同士、分子同士で割る」と考えるのは自然なことといえる。

そして、このアイデアを引き出すには、以下のような、分母同士、分子同士が割りきれる数を用いた問題で導入する必要がある。さらに、正答かどうかを自ら確かめられるように、小数に直せる分数の方がなおよい。

$$\frac{9}{10} \div \frac{3}{5} = \frac{9 \div 3}{10 \div 5} = \frac{3}{2} \rightarrow 0.9 \div 0.6 = 1.5$$

| 単元指導のポイント |

分数÷分数の計算の仕方

$$\frac{a}{b} \div \frac{c}{d} = \frac{a}{b} \times \frac{d}{c} \div \frac{c}{d} \times \frac{d}{c}$$ 商一定のきまり

$$= \frac{a}{b} \times \frac{d}{c} \div 1$$

$$= \frac{a}{b} \times \frac{d}{c}$$

$$\frac{a}{b} \div \frac{c}{d} = \frac{a \times d}{b \times d} \div \frac{c \times b}{d \times b}$$ $\frac{A}{B} = \frac{A \times C}{B \times C}$

$$= \frac{a \times d}{b \times d} \times (b \times d) \div \frac{c \times b}{d \times b} \times (b \times d)$$

$$= (a \times d) \div (c \times b)$$

大切なのは，この後，「割り切れないときにどうするのか」を子どもに考えさせることである。例えば，以下のように，割り切れないなら割り切れるように同値分数を活用するという方法を引き出したい。

$$\frac{2}{5} \div \frac{3}{4} = \frac{24}{60} \div \frac{3}{4} = \frac{24 \div 3}{60 \div 4} = \frac{8}{15}$$

「÷1にする」というわり算の根本となる意味を発想の源とする計算の仕方

除法とは，「除数を1と見たときに，被除数がいくつにあたるかを求める計算」である。子どもたちも，「÷小数」や「割合」の学習などでその考えには触れてきている。そうすると，以下のような計算方法が子どもから出てくることも自然である。

除数・被除数にわる数3/4の逆数である4/3をかけて除数を1にする[3]。

$$\frac{2}{5} \div \frac{3}{4} = \left(\frac{2}{5} \times \frac{4}{3}\right) \div \left(\frac{3}{4} \times \frac{4}{3}\right) = \frac{2}{5} \times \frac{4}{4} (\div 1)$$

包含除の意味から発想される「通分」を用いた計算の仕方

単位分数が揃っていれば，（分数）÷（分数）は分子同士をわればよい。例えば以下のような問題である。

8/15 dL の牛乳があります。1/15 dL ずつコップに移すと，コップはいくつ必要ですか。

$$\frac{8}{15} \div \frac{1}{15} = 8 \div 1 = 8 \quad \text{答え：8個必要}$$

上のような，同分母の場合の問題に触れてから異分母の問題に触れると，以下のような通分しようとする子どもが現れる。

$$\frac{2}{5} \div \frac{3}{4} = \frac{8}{20} \div \frac{15}{20} = 8 \div 15 = \frac{8}{15}$$

このように，（分数）÷（分数）の学習では，既習や計算のきまり，理想化などの数学の考えを総動員して，発想豊かに柔軟に計算の仕方を考えられるように指導することが大切である。

6年

分数÷分数　**157**

6年 04 Ⓑ図形 円の面積

（盛山隆雄）

育成する資質・能力

○円の面積について，図形を構成する要素などに着目して，既習の求積可能な図形の面積の求め方を基に考えたり，説明したりすることができる。
○円の面積を求める公式をつくる活動から，算数としての簡潔かつ的確な表現へと高めることができる。

既習とのつながり

これまでに円周率や正多角形と円の関係について学習してきている。

面積については，平行四辺形，三角形などの面積を等積変形や倍積変形などによって求めることや，不定形の面積を，方眼を用いて概測することも扱ってきている。

円の面積の学習では，これらの既習とのつながりを考えて数学的活動を行わせることが大切である。

円の面積を求める活動

円の面積は，昨今の学力調査の結果を見ると，定着があまりよくない内容である。

理解を深めるためには，子どもたちに目的意識をもった活動をさせ，次のようなことを考えさせる必要がある。

（1）円の面積について見通しをもつ活動

直径と円の面積の関係や，円の面積と円の半径を一辺とする正方形の面積との関係などに着目させる。

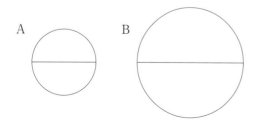

Aの円の直径は10cm，Bの円の直径は15cmのとき，Bの面積はAの面積の1.5倍になるのか。

円に外接する正方形で比較すると，Aの場合は10×10＝100　100㎠，Bの場合は15×15＝225　225㎠。正方形の場合は，一辺が1.5倍になったとき，面積は2倍以上になる。この事実から，円も1.5倍ではなく2.25倍になるのかな？　という問いをもつことができるだろう。

一辺20cmの正方形に内接する円は，1辺10cmの正方形の面積の何倍か。

これを調べることによって，2倍よりも大きくて4倍よりも小さいといった見通しをもたせることができる。

（2）既習から求め方を考える

これまでの面積の学習を想起し，どのような既習事項が使えそうかを考えさせたい。

・面積は単位正方形の個数で表される。
・等積変形や倍積変形をして，既習の求積可能な形にして考える。
・不定形の面積は，1㎠の方眼を使って概測する。そのとき，形に完全に含まれない方眼は，ならして0.5㎠と考える。

単元指導のポイント

円の面積＝半径×半径×円周率
＝（半径の長さを１辺とする正方形の面積）×3.14
円の面積の１つの見方として，円の面積は
半径の長さを１辺とする正方形の3.14倍という見方ができる。

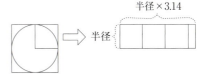

（3）円の等積変形

方眼を数えて円の面積を求める活動や，円の中に正八角形などの正多角形をかいておよその円の面積を求める活動は経験させたい。

その上で円を８等分ないし16等分して並べ替えることで面積を求めることができる形にする。等積変形をして求める活動に取り組ませることが大切である。

次のような等積変形から面積を求めることができる。

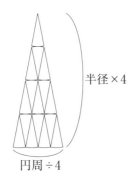

（円周÷4）×（半径×4）÷2
＝直径×3.14÷4×半径×4÷2
＝半径×2×3.14×半径÷4×4÷2
＝半径×半径×3.14

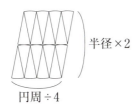

（円周÷4）×（半径×2）
＝直径×3.14÷4×半径×2
＝半径×2×3.14÷4×半径×2
＝半径×半径×3.14

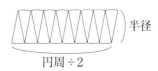

（円周÷2）×半径
＝直径×3.14÷2×半径
＝半径×2×3.14÷2×半径
＝半径×半径×3.14

上の場合，平行四辺形と見るのだが，子どもの中には，底辺がでこぼこで直線ではないことを指摘する子どもがいる。16等分を32等分，64等分と細かくしていくと形が長方形に近づくことを丁寧に説明することが大切である。

面積の求め方の振り返り

例えば，平行四辺形の面積を求めたら式を振り返ってみる。（実際の数値を使用の場合）

・<u>10</u>×3.14÷2×<u>5</u>＝78.5
　底辺　　　　　高さ

途中の式を見て，元の円のどこの長さを使ったかに着目する。10が直径，5が半径ということから，整理して「半径×半径×3.14」で求められることを見いだし，公式を導くようにさせたい。

円の面積　159

05 線対称な図形，点対称な図形

6年　B 図形　（細水保宏）

育成する資質・能力

○対称な図形の意味や性質を理解し，作図したり，構成したりすることができる。
○図形を構成する要素及び図形間の関係に着目し，構成の仕方を考察したり図形の性質を見いだしたりするとともに，その性質を基に既習の図形を捉え直したり日常生活に生かしたりすることができる。

対称な図形

本単元では，図形を考察する新しい観点として，対称性を学習するとともに，これまで学習してきた平面図形についてまとめることをねらいとしている。

対称性については，線対称，点対称の観点から考察する。その対称性の指導には，大きく次の3つのポイントがある。
○図形の性質として，対称性を捉えること
○対応する点や角に着目してその関係を分析的に捉えていくこと
○見出した関係を基に，対称な図形を作図することができること

このような線対称，点対称の意味について，観察や構成，作図などの活動を通して理解できるようにし，線対称な図形，点対称な図形，線対称でかつ点対称でもある図形を弁別するなどの活動を通して，図形の見方を深めていくことが大切である。

身の回りから線対称な図形を見つける活動

身の回りから対称な図形を見つける数学的活動を通して，図形のもつ美しさ，日常生活に対称な形が用いられていることを実感的に理解できることをねらいとしている。

（1）分類の観点を明確にする

例えば，都道府県の名前を書いた紙を2つの仲間に分けていく活動を通して，その分類の観点を明らかにしていく。

そして，どうして一つの仲間として見ることができるのか，その共通点を見つける。
「折ったら左右がぴったりと重なる」
「1本芯が通っている」
「裏表がない」
といった素直な表現でこれらの形に共通な性質を見出す。最初は感覚的な曖昧な表現でもよい。それを算数的な言葉に置き換えていく。

まず，7，8個の都道府県で弁別の観点を考えさせる。観点がはっきりできたら，残りの都道府県で探す活動を行う。

「線対称な形，だって，〜」と線対称な形の観点を言わせながら，他の都道府県から見つけさせると，三重や香川などが線対称の意味に迫るものとしてあげられてきて，授業に

| 単元指導のポイント |

線対称な形

　1本の直線を折り目として2つに折ったとき，折り目の両側の部分がぴったりと重なる図形を線対称な図形という。このときの折り目の直線を対称の軸という。そのとき，対応する点を結ぶ直線は，すべて対称の軸によって垂直に二等分される。

点対称な形

　1つの点を中心にして180°回転させたとき，もとの形とぴったりと重なる図形を点対称な図形という。このときの中心にした点を対称の中心という。そのとき，対応する点を結ぶ線分は，すべて対称の中心を通り，その中心によって二等分される。

活気が出てくる。もしそこで，OITA があげられると，今度はローマ字で線対称になる都道府県を探す活動へと拡がっていく。見つける楽しさを味わうことができる。

(2) 対称の軸，対応する点，頂点，辺

　折るという操作をしないで，線対称な図形かどうかを弁別するには，対応する点や角，辺などに目を向けざるを得なくなる。図形の構成要素に着目することにより，対称の軸の存在がはっきり見えてくる。また，対応する点を結んだ関係が見えてくる。

(3) 線対称な図形の作図

　例えば，図形の半分から線対称な図形を作図する活動を通して，対称の軸と対応する点との関係に気づいたり，作図に活用したりしながら，より分析的な見方を深めていく。

線対称な図形から点対称な図形へ

　線対称から点対称な図形の学習へと続けて展開していく。線対称の学習とほぼ同じように展開できるので，自分たちで展開させても

おもしろい。また，図形を捉えていくときの方法の有効な活用の場にもなる。

(1) 基本図形の見直し

　対称性という観点から既習の図形を見直すことが大切なねらいである。特に，正方形，長方形，平行四辺形，ひし形，円については，対称性という観点から整理する活動を通して捉えさせておきたい。

(2) 統合的な見方

　教科書等では触れていないが，例えば，対称性は180°という共通の性質を持っている。点対称な図形が対称の中心に対して180°回転したときぴったり重なる図形に対して，線対称な図形は，対称軸に対して180°回転したときぴったり重なる図形である，と一緒の仲間として統合的に見ることもできる。

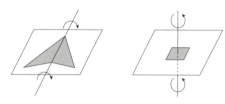

折る⇒180°回転する　　180°回転する

　このように統合してみる見方を経験させると，算数の本質のおもしろさに気づき，算数好きの子どもたちが増えてくる。

06 拡大図・縮図

6年 　Ⓑ図形 　　　　　　　　　　　　　　（盛山隆雄）

育成する資質・能力

○縮図や拡大図の意味や特徴を理解し，作図に活用することができる。
○縮尺の意味と表し方を知り，縮図上の長さと実際の長さの関係を考え，活用することができる。

拡大図，縮図の定義

この単元では，図形の構成要素に着目して「大きさは違っても同じ形」を考察することにポイントがある。

例えば，次のような図があるとする。㋐の直角三角形と大きさは違っても同じ形といえるのはどの形かを考える場面である。

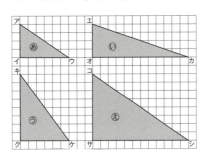

このとき，辺の長さに着目して考えると，㋑の辺オカは，辺イウに対して2倍の長さになっていることがわかる。形全体が横方向に伸びているのである。㋒の辺キクは，辺アイに対して2倍の長さになっている。形全体が縦方向に伸びているのである。㋓の直角三角形は，3辺とも2倍の長さになっている。縦，横バランスよく大きくなっている。

比の学習は既習なので，対応する辺の比が1：2になっているとまとめることができる。

この段階で縮図や拡大図について定義をまとめたいところだが，対応する角の大きさの考察が必要である。

例示した直角三角形の場合は，対応する辺の比が同じ形同士は，直角も含めて角度もすべて等しい。対応する辺の比が異なる形同士だと，直角以外のすべての角は等しくない。

しかし，次のような場合はどうだろうか。

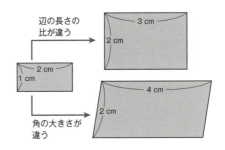

長方形と平行四辺形とを比較したときに，対応する辺の比は1：2と同じだが，対応する角の大きさは異なる。この場合は，拡大図，縮図とはいわない。このような例を見せて，縮図や拡大図の定義は，図形の辺の長さと角の大きさという構成要素に着目することを教えることが大切である。

その上で次の図のように㋓は㋐の2倍の拡大図，㋐は㋓の$\frac{1}{2}$の縮図でということを教えるのである。

| 単元指導のポイント |

・縮尺

実際の長さを縮めた割合のことを縮尺という。縮尺には次のような表し方がある。

① $\frac{1}{2000}$ ② 1：2000   ③ 0 20m

拡大図，縮図の作図

三角形の拡大図のかき方を考える時，ヒントになるのは，合同な図形のかき方である。

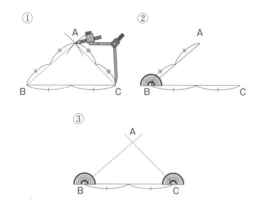

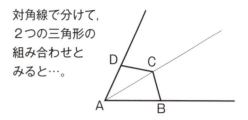

対角線で分けて，2つの三角形の組み合わせとみると…。

1つの点を中心にした縮図，拡大図のかき方は，中心にする点の位置を次のように変えてもかけることを，発展的に扱いたい。

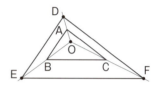

①～③はいずれも2倍の拡大図のかき方を示したものである。合同な三角形のかき方を基に，子どもが考えるかき方といえる。

その際，コンパスは円をかくだけの道具と考えがちの子どもが多いので，コンパスの長さを写しとる機能を確認しておく必要がある。

四角形の拡大図の場合は，例えば次の図のように1つの点を中心にした作図方法を考えさせることができる。

四角形を対角線でわけると2つの三角形になる。上の②の作図方法のように，2つの三角形の2倍の拡大図をかけば，四角形の2倍の拡大図がかけることを理解させる。

縮図の活用

日頃，子どもが最も目にする縮図は地図である。そのため地図を使って実際の道のりを調べる活動をすることは必要である。

また，地図上の長さと縮尺から出発地から目的地までの道のりを求めた後，例えば時速30kmで移動すると時間はどのぐらいかかるか，といったことを考察することができる。

道のりや時間を概測することによって，行動範囲を決めるなど，日常生活に活かすことが大切である。

拡大図，縮図は，建物の設計図，コピー機，顕微鏡の像など，多くの場面で見ることができる。身の回りを観察してそれらの画を見つける活動をするのも面白い。

07 角柱と円柱の体積

6年 　Ⓑ図形　　　　　　　　　　　　　　　　　　（山本良和）

育成する資質・能力

○角柱及び円柱の体積を計算で求める方法を理解し，正しく測定することができる。
○角柱や円柱の体積の求め方を既習の直方体や立方体の体積と関連付けて考えるとともに，簡潔かつ的確な表現に高めることができる。

角柱や円柱の特徴を活かす

本単元のねらいは，角柱や円柱の体積を計算で求められるようになることである。それは，第5学年で学習した直方体や立方体の体積の求め方（「直方体の体積＝たて×横×高さ」，「立方体の体積＝一辺×一辺×一辺」）をもとにして，角柱や円柱の体積が「底面積×高さ」で求められるという見方を見いだしていくことを意味する。そのためには，角柱や円柱の概念，即ち角柱・円柱の構成要素である底面と側面の特徴を活かして体積の求め方を考えることが大事になる。

例えば角柱や円柱の2つの底面は平行に向かい合う合同な図形であり，それぞれの底面の形に沿って積み木を積み重ねていけば角柱や円柱が出来上がる。そこで，最初に積み木を1cmの高さまで積み上げる。その積み木の体積は高さが1cm分の柱体の体積ということになる。それは「単位立方体（1cm³）×底面積」となり，数値は底面積と一致する。柱体の体積は，高さが1cm分の体積を「高さ」倍すればよいから，最終的に「底面積×高さ」と一般化される。ただし，子どもの中には，底面は平面（高さがない）なので積み重ねられないと考える子がいる。つまり，

「底面積（0cm³）×高さ」では体積が求められないと考える子どもである。本単元で大事にしなければいけないのは，公式化していく過程を全ての子どもが実感的に理解できることである。

その基本は，やはり直方体の求積公式の見直しである。角柱の求積について考えるときに，直方体の求積公式である「たて×横×高さ」の「たて×横」で求めているのは，底面に並ぶ単位立方体（1cm³）の個数だという見方の確認が大事になる。これは，第5学年で初めて直方体の体積の求積公式を扱う場面でも触れておきたいことでもあるが，第6学年の本単元の導入で，全ての子どもが確実に意識できるような場を設けておきたい。

実感的理解を促す

そこで，単元の導入では，例えば右図のような底面が直角三角形の三角柱の体積を扱ってみる。

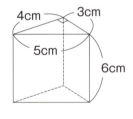

提示する素材は，紙に描いた見取り図であるが，その図だけをもとにして「体積の求め方」を考えさせるのではない。導入では，三角柱に対する見方を再確認する。ただし単な

単元指導のポイント

角錐や円錐の体積（発展）

角錐や円錐の体積は学習指導要領では扱われていないが，子どもが問題意識を抱いた場合には，次のような実験を通して錐体の体積に対する見通しを持たせる体験をさせるとよい。

角錐の場合　角錐の入れ物にいっぱい入れた砂を，合同な底面で同じ高さの角柱の入れ物に移す作業を繰り返す。そして，ぴったり3回で角柱がいっぱいになる事実を確かめるとともに他の錐体でも同様に実験する。その結果から，錐体の体積は合同な底面で同じ高さの角柱の体積の $\frac{1}{3}$ になっているのではないかという見通しを帰納的に導き出す。

る知識の確認ではなく，実感的に三角柱という図形の特徴を意識する体験を用意する。

具体的には，提示した**三角柱の体積を求めることを伝えた後で，実際に工作用紙を使って本物の三角柱を子どもに作らせる**。子どもは自分の手で作っていく中で，三角柱が2つの合同な直角三角形の底面と，側面となる3つの長方形で構成されていることや，三角柱の大きさ（体積の量感）を実感する。体積は「B　図形」領域の学習内容であるが，体積自体は算数で学習する量の一種である。だから求積の仕方だけに重点を置くのではなく，量としての大きさを実感する体験も大事にしたい。

そして，実物が目の前にあり，自分の手で触れられるからこそ三角柱の体積の求め方に対する見通しも持ち始める。それは，例えば2つの三角柱を合わせてみようとする動き（右上図）として現れる。底面が直角三角形の三角柱の体積で導入するのは，2つの三角柱を合わせると既習の直方体に変形できるからであり，子どもも自然な形で既習の直方体の体積との関連を意識するようになる。また，三角柱の体積が直方体の体積の $\frac{1}{2}$ にな

るということを実感的に理解することにもなる。

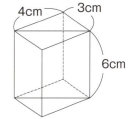

求積の仕方に対する自分なりの見通しが持てた段階で自分の考えを整理させると，以下のような考え方が現れる。

○三角柱の体積＝直方体の体積÷2
　　　　　　　＝(3×4×6)÷2
　　　　　　　＝(たて×横×高さ)÷2

○三角柱の体積＝直方体の体積÷2
　　　　　　　＝(3×4÷2)×6
　　　　　　　＝(たて×横÷2)×高さ
　　　　　　　＝底面積×高さ

これらを対比させながら角柱の体積の求め方が，「高さが1cm分の角柱の体積×高さ」で統合的に捉えられることに目を向けさせる。そして，「高さが1cm分の角柱の体積」の数値が底面積と一致することから「底面積×高さ」の公式へとつなげていく。

その後，円柱の体積についても角柱と比較しながら検討することによって，**統合的に求積の仕方を考えて公式化していく。**

─ 6年 ─

08 比

Ⓒ変化と関係

（大野桂）

育成する資質・能力

○割合の学習を既習としながら比の意味を明らかにしていく活動を通して，そのプロセスと比の意味を理解することができる。

○（日常の）様々な場面や状況において，比を活用することでその問題解決に向かうことができる。

「比の意味」について

　数量 a，b の割合を表すには，大きく分けて2つの方法がある。

　1つ目は，a と b のどちらか一方を基準として表す方法である。例えば，b を基準として，「a は b の5倍」と表す場合である。この場合，a と b の割合は1つの数で表される。

　2つ目の割合の表し方が，「比」の表し方である。これは2つの数量6cmと8cmの割合を表すのに，どちらか一方を基準としないで，2つの数量の共通な量を基準にして，6cm 対 8cm を「3：4」というように，2数の組み合わせで並列して表す方法である。つまり，「比」は，比べる2量双方の関係を対等にみる割合の見方といえる。

比の学習と“集合の考え”の関わり

　算数の学習において「集合を考える」とは，一言でいえば“概念形成”である。「一見異なるものでも，ある条件でみると同じとみることができる」といった活動の，「同じとみるもの」が概念であり，この一連の活動そのものが概念形成ということである。だから「比」の学習でも，「同じとみる」活動を通して概念形成を図っていくことが，「集合の考え」を育むという意味でも重要であるだろう。

“集合の考え”に基づく先行実践の解釈

　比の導入でよく扱う，“味が同じ”場面で，「集合の考え」を育む比の授業を外観する。

　例えば，酢2カップとオイル5カップで作ったドレッシングと同じ味の様々な量のドレッシングを作ることを考える時，酢2カップとオイル5カップを累加していけばよい。すると，酢とオイルの組み合わせは（2，5）（4，10）（6，15）……となり，この組み合わせ集合が持っている共通の性質が比となる。

　つまり「同じ味のドレッシングをつくろう」という導入授業は，「同じ集合づくり」から，比の概念形成をしていくという意味で，妥当であると言える。

　しかし，この素材には問題点もある。それは，“同じ”を実感できないことである。同じ味のドレッシングの酢とオイルの組み合わせを比で表現することの理解はできても，その味を検証する方法がない。作ったドレッシングの味が同じであるということの検証は味覚に頼るしかなく，判断が困難である。そうなると，結局は実感の伴わない，ただ比の意味を知ったに過ぎないということになる。

“同じ”を目で実感できる「形」での導入

　「同じを検証できない」という問題点を解

単元指導のポイント

割合の導入授業と関連付け，スパイラルな学びとなる比の導入授業づくりの視点

①「同じ比」の意味の追求……「同じ」であることの意味の追求そのものが概念形成である。
②比例の意識化…「同じ比」となる数対を比例の見方でつくる活動を設定する。
③積極的な図の利用……「同じ比」を視覚で捉えることで比例が認識される
④「差による比較」の適切性の議論を重視……「倍による比較」との対比で理解を促進させる。
⑤比例関係が容易に仮定できる素材の選定……無理のないスムーズな思考を促す。

消するキーワードとして，"目に見える"ということが頭に浮かぶ。

そこで考えつくのが，「図形」を比の導入の素材として用いるということである。つまり「同じ形」である。具体的には，**大きさや形の違ういくつかある長方形を，「同じ形」を観点に「仲間作り」**をするのである。

例えば，以下のような課題である。

右の見本より大きい国旗をつくります。どちらの紙を使えばよいでしょうか。

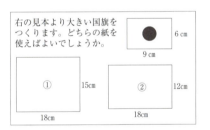

この素材であれば，"仲間づくり"という「集合の考え」を活用する活動を生むことができ，そして**「何を同じとみるか」を明らかにしていく活動**を通して，「比の概念」を形成していけるものになるのではないだろうか。

具体的に言えば，①の「縦横の長さともに＋9cm」という"差による見方の仲間わけ"（誤概念）と，②の「縦横の長さともに2倍」という"倍による見方の仲間わけ"（比の正しい概念）の2つの見方を引き出し，この2つの妥当性を議論する活動を通して，「どう

仲間とみるか」を判断させていくのである。

比例関係の意識化

倍の見方を用いる方が"同じ形"として相応しいという議論をさせる中で，数対をつくる活動を設定したい。なぜなら，比とは，比例関係を仮定とした際の考えであることを意識化するためである。そして，その数対に共通する「縦：横＝2：3」に気づかせることで比の概念形成を図るようにしていく。

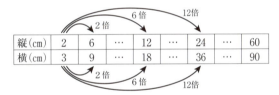

視覚で実感する

〈差の見方で作った図〉

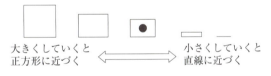

大きくしていくと正方形に近づく　　小さくしていくと直線に近づく

〈倍の見方で作った図〉

このように，実際に倍の見方と差の見方で作った幾つかの図を並べて観る，重ねて観ることで，倍の見方で作ったもののバランスのよさ，つまり**"同じ"を視覚で実感**できるだろう。

比　167

09 比例と反比例

― 6年 ―
C 変化と関係
（細水保宏）

育成する資質・能力

○比例、反比例の関係にある2つの数量の関係を表や式、グラフを用いて調べることができる。
○伴って変わる二つの数量を見いだして、それらの関係に着目し、目的に応じて表や式、グラフを用いてそれらの関係を表現して、変化や対応の特徴を見いだすとともに、それらを日常生活に生かす。

「比例と反比例」の指導のポイント

これまで学習してきた数量関係についての見方をまとめるために、伴って変わる二つの数量の中から特に比例関係にあるものを中心に考察し、関数の考えを伸ばすことをねらいとしている。

具体的には、次の3つをねらっている。
○比例の関係について理解すること、また、式、表、グラフを用いてその特徴を調べること
○比例の関係を用いて、問題を解決すること
○反比例の関係について知ること

「関係を調べましょう」の難しさ

第6学年「比例と反比例」での導入で、よく「水槽に水を入れるときの、水を入れる時間と水の深さの関係について調べましょう」といった問題を見かける。ところが、「関係について調べましょう」という突然の問いかけは、意外と子どもたちにとって難しい問いかけとなる。何のために調べるのか、どのように調べるのかといったところで悩んでしまうからである。

本来、「表に表して調べてみましょう」「関係を式に表してみましょう」といった問いかけは考えさせたい部分で、子ども自らが行い、その姿をとらえて価値付けしていく展開にしたい。

例えば、目的意識をもって問題解決が図れるようにするために、黒板に下のような正方形をいくつかきながら、「6個目の正方形の周りの長さがわかるかな？」と問いかける。

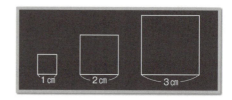

すると、**表にして順に調べていく**子ども、6×4＝24とすぐ**式に表して求めていく**子どもの姿を見ることができる。

まず、「答え24cm！」だけを確認し、「えっ？」「本当に？」「絶対？」と問いかける。すると「だって、〜」と、24cmになるわけを説明しようとする姿を引き出していくことができる。

そこで、表と式の考えを取り上げる。

比例の関係を表現する仕方を学ぶ

自然に、「比例している！」との声が出てくる。その声をもとに「比例」の関係を確認していく。その際、まず「何と何の関係か」をはっきり押さえていくことが大切である。

「比例している。だって、一辺の長さが2

単元指導のポイント

関係を表や式，グラフで表す

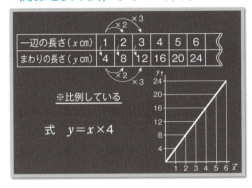
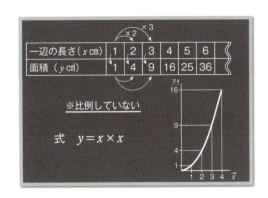

倍，3倍になると，周りの長さも2倍，3倍になっていくから」

　表を横に見ていくことを強調すると，

「**縦に見てみる**と，周りの長さはいつも一辺の長さの4倍になっている。だから，周りの長さ＝一辺の長さ×4で求められる」

といった関係を見つけ出すことができる。

　「一辺の長さを x cm，周りの長さを y cm とたら，どんな式になるかな？」と問いかけると，「周りの長さ（y）＝一辺の長さ（x）×4」と x と y を使った**文字で表す**姿が見られる。

　「関係をみるには，表と式が大切だね」
を2回繰り返すと，先が読める子どもから，
「グラフもある！」
といった声を引き出すことができる。

　その声から，**グラフでの表現**につなげていく。そして，比例のグラフは，原点（0，0）を通る右上がりの直線になることを確認する。

　ここでは，伴って変わる2量の x と y が比例していること，また，その表し方を理解することだけでなく，次のような**「関係を調べる方法」を身につけていく数学的な活動**を大切にしていきたい。

○まず何と何の関係を調べるのかはっきりさせる
○何が決まると，何が決まるのかをみる
○変わり方を表に表して，横に見てみる
○増えると，増える関係か，減る関係か
○どんな変わり方をしているのか表を縦に見て，式に表してみる
○グラフに表してみる

問題を広げてみることにより，関係のとらえ方を身につけることができる

　「関係を調べましょう」の動き方をマスターするには，ある程度の問題数をこなす必要がある。比例と反比例の単元であるが，商一定（比例），積一定（反比例）だけでなく，和一定，差一定といった場面も織り込んでいくと，得意げな顔で楽しみながら関係を調べていく姿が見られる。

　ここでは，最初の問題を広げ，正方形の一辺と面積の関係を表す問題を扱う。すると，2次曲線のグラフに，反比例のグラフ同様，感動の声が上がる。

比例と反比例

10 資料の調べ方

6年　Dデータの活用

（盛山隆雄）

> **育成する資質・能力**
> ○代表値の意味や求め方を理解する。
> ○度数分布を表す表やグラフの特徴及びそれらの用い方を理解する。
> ○目的に応じてデータを収集して分類整理し，データの特徴や傾向に着目し，代表値などを用いて問題の結論について判断するとともに，その妥当性について批判的に考察する。

代表値としての平均

単元の導入では，下のような2つの資料の比較から入ることが多い。

「どちらの組の方が記録がよいといえるか」というような問題である。この場合，合計人数が異なっても平均値を出せば比較することができる。

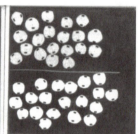

人数が異なっても比較することができるのは，代表値としての平均のよさである。

データの散らばりの様子を捉える

平均値で比較すると納得しやすいが，必ずしも平均値によって資料の特徴が捉えられるわけではない。

この単元では，データの分布の様子を見て初めて特徴を捉えることができる場合があることを知ることが大切である。

(1) データの散らばりへの自然な着目

AさんとBさんがじゃがいもを掘りにいったという場面を紹介し，二人がとったじゃがいもをカードにして黒板に提示した。

カードの裏には，各じゃがいもの重さ（g単位）が書いてある。AさんもBさんも20個ずつとり，重さの合計が2.4kgという設定。

このじゃがいもを使って，肉じゃがを作るという場面を説明した。肉じゃがを作るには，360g必要である。じゃがいもの重さは，平均120gなのでおよそ3個使えばいいことがわかる。

ここで，じゃがいものカードを3枚引き，360gに近い方が勝ちというゲームをした。教師はAさんのじゃがいもから引き，子どもはBさんのじゃがいもから引いた。

教師と勝負ということで，3枚ずつ引いたのだが，何度やっても子どもが勝てない。このときは，5回勝負をすることができたが，5回とも教師が勝った。

この結果を見て，「なぜAさんの方が強いか？」という問いが生まれ，追究した。子ど

単元指導のポイント

【量的データの特徴を読み取る場合のデータ全体を表す多様な指標】

・平均値…データの個々の値を合計し，データの個数で割った値。
・中央値…データを大きさの順に並べたときの中央の値。
・最頻値…データの中で最も多く現れている値。

※１つの数値で表すことで，データの特徴を簡潔に表すことができ，データ間の比較も容易になる。しかし，分布の状態は見えないので，代表値の用い方には注意が必要である。

教師 ⇨ Aさんのじゃがいも

子ども ⇨ Bさんのじゃがいも

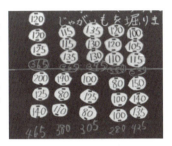

もから右図のような言葉が現れた。最大値や最小値，最頻値，散らばりについての意見が出た。分布の様子に着目した議論がなされたのである。

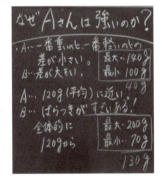

（2）ドットプロットによる散らばりの視覚化

　この実践の場合，「図に表せないかな」と発問した結果，次のようにカードを並びかえるアイデアが出た。これは，ドットプロットにあたる活動である。

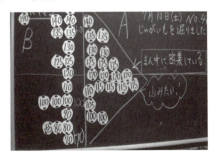

柱状グラフに表す

　ドットプロットへの整理から，次は階級を決めて度数分布表を作るといった段階に移行することが望ましい。

　階級のとり方については，資料の最大値と最小値から散らばりの幅を計算する。階級の数については，多すぎると分類した意味がなくなり，少なすぎると分布の様子が捉えにくくなることから，適切な数にする必要がある。

　柱状グラフについては，それぞれの長方形の面積が度数を表わしており，隣り合った階級を連続したものとして捉えることができる。

統計的な問題解決の方法

　「問題－計画－データ－分析－結論」という５つの段階を経て統計的な問題を解決する考え方がある。実際の指導場面では，各活動を行きつ戻りつしながら問題解決に向かうので，段階ではなく各様相と言った方が適切と考える。

　６年生では，結論を出した後に振り返り，果たしてこのデータやこの分析で正しい結論が得られているのかという妥当性を検討する。批判的に考察することで，必要に応じて計画を見直し，データの取り方やグラフの表し方を改善することも問題解決のプロセスである。

資料の調べ方

── 6年 ──
11
Dデータの活用

（細水保宏）

場合の数

育成する資質・能力

○起こり得る場合を順序よく整理するための図や表などの用い方を知る。
○事象の特徴に着目し，順序よく整理する観点を決めて，落ちや重なりなく調べる方法を考察することができる。

「場合の数」の指導のポイント

簡単な事柄について，起こり得る場合を順序よく整理して調べる力と筋道立てて考えを進めていこうとする態度を身につけることがここでのねらいである。具体的には，順列や組み合わせの場合が取り上げられる。

分類整理する過程自身をねらいとする

よく「何通りの表し方がありますか」と最初から場合の数そのものを求める問題提示がある。しかし，小学校では，場合の数を計算で求められるようにすることがねらいではない。大切なのは，すべての場合を落ちや重なりがないように順序よく整理して調べることができるようにすることである。

例えば，4人で行うリレーの順を考えていく問題を取り上げたとする。思いつくまま書いていくと，落ちや重なりが生まれてくる。すると，落ちや重なりがないように，分類整理して考えたくなる場が生まれてくる。その気持ちがきっかけとなって，次のような考えが引き出されてくる数学的な活動を設定することができる。

（1）記号化，数値化の考え

リレーの順を考えていく際，クラスの友達の名前を使うと，いちいち書いていくのが面倒なので，最初の文字やA，B，C，Dなどの記号を使ったり，1，2，3，4などの数字を使ったりし始める。そのアイデアを認めていく絶好のチャンスが生まれる。

（2）1つを固定して考える

起こり得る場合を順序よく整理して調べる第一歩は「固定して考える」ことである。リレーの順を考える問題では，まず第1走者を固定し，次に第2，3，4走者を順に考えていく考えを引き出すことである。

（3）図や表を整理して考える

並び方や組み合わせ方を書き上げていくとき，図や表が有効に働く。具体的には，樹形図や組み合わせ表である。ただし，その表現方法を教えるのがねらいではない。子どもたちの素直な発想を大切にし，話し合いながらよりよい整理方法へと創り上げていく過程自体を経験させ，樹形図や組み合わせ図と関連づけ，そのよさに気づかせていきたい。

例えば，順列の場合では，カードなどを用いて動かして整理したり，同じ所を省略していく過程を見せながら樹形図の形に変えていったりといった落ちや重なりなく調べていく方法を考える活動を大切にしていきたい。

組み合わせの場面では，組み合わせを線で

172　6年生の内容の基礎・基本

単元指導のポイント

順序よく調べ，整理する

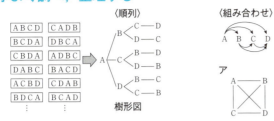

表したり，自然に表のようなもので表したりし始める。

例えば，アの図では，1つの頂点から3本ずつ線が出ている。3×4=12。しかし，これでは両方から数えることになってしまうので，線の総数は3×4÷2=6となる。式変形すると，(4-1)×4÷2となる。イの図では，3+2+1=6となる。これは，(4-1)×4÷2=6で求められることも図を見ながら理解することができる。

図や表で表されたものから式化していく活動も丁寧に扱っていきたい。

数や条件を変えて，発展的に考える

解決した問題の数や条件を変えて考え直してみる活動は，結果や方法を活用する場が生まれてくるので，活用する力を育てることができる。また，発展的に考える態度も育てることができる。

例えば，4人で行うリレーの順を解決したら，「もし，5人だったら，〜」と考えることである。4人のときに用いた固定する方法や樹形図を用いて解決できれば，活用する力がついてきたと捉えることができる。

また，最初から分類整理するのではなく，「だったら，24×5=120」と関連づけて考えることもできる。

組み合わせの場合も同様に，4チームでの結果を活用して5チームの場合を考える子どもも見られる。

例えば，下のウの図では，頂点Eが1つ増えるので，そこにつながる線は4本（5-1本）増えることが容易にわかる。1つの頂点から4本ずつ線が出ている。しかし，これでは両方から数えることになってしまうので，線の総数は4×5÷2=10となる。式を変形すると，(5-1)×5÷2=10となる。

エの図では，4+3+2+1=10となる。また，これは，(3+2+1)+4=10で求められることも図を見ながら理解することができる。

外見上異なる問題でも構造としては同じであることに気づかせる場面を創ると，問題の本質を見抜く力をつけていくことができる。

```
         1  2  3  4
       • A• B• C• D•
       • A• B• D• C•
       • A• C• B• D•
       • A• C• D• B•
       • A• D• B• C•
       • A• D• C• B•

  •がEが入る場所
        ↓
      各5ヶ所
     24×5=120
```

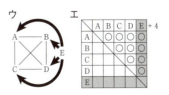

場合の数　173

※本書は，筑波大学附属小学校 算数教育研究部 企画・編集の『算数授業研究』誌（93〜108号）にて連載していた，「初等教育学〈算数科〉基礎・基本講座」を加筆・修正，および一部書き起こししたものです。

参考文献

坪田耕三，金本良通 ほか（2016）．『小学 算数 1〜6』，教育出版.

筑波大学附属小学校算数科教育研究部（2002）．『これだけは教えたい基礎・基本　算数科』

日本数学教育学会（2018）．『算数教育指導用語辞典 第五版』，教育出版.

一松信 ほか（2016）．『みんなと学ぶ小学校算数 1〜6 年』，学校図書.

文部科学省（2008）．『小学校学習指導要領解説 算数編』，東洋館出版社.

文部科学省（2018）．『小学校学習指導要領（平成 29 年告示）解説 算数編』，日本文教出版.

文部科学省（2018）．『中学校学習指導要領（平成 29 年告示）解説 数学編』，日本文教出版.

執筆者一覧

筑波大学附属小学校 算数教育研究部

夏坂哲志

山本良和

盛山隆雄

中田寿幸

大野　桂

森本隆史

細水保宏（元筑波大学附属小学校副校長）

田中博史（前筑波大学附属小学校副校長）

初等教育学 算数科基礎基本講座

2019（令和元）年 6 月 19 日　初版第 1 刷発行
2025（令和 7）年 3 月 24 日　初版第 7 刷発行

編著者：**筑波大学附属小学校算数教育研究部**
発行者：**錦織圭之介**
発行所：**株式会社　東洋館出版社**
　　　　〒101-0054　東京都千代田区神田錦町 2 丁目 9 番 1 号
　　　　　　　　　　　　　　コンフォール安田ビル 2 階
　　　　代　表　電話 03-6778-4343　FAX 03-5281-8091
　　　　営業部　電話 03-6778-7278　FAX 03-5281-8092
　　　　振　替　00180-7-96823
　　　　U R L　https://www.toyokan.co.jp

装　丁：**新井大輔**
本文デザイン：**宮澤新一（藤原印刷）**
印刷・製本：**藤原印刷株式会社**

ISBN 978-4-491-03684-7
Printed in Japan

JCOPY ＜(社)出版者著作権管理機構 委託出版物＞
本書の無断複写は著作権法上での例外を除き禁じられています。複写される場合は、
そのつど事前に、(社)出版者著作権管理機構（電話 03-5244-5088，FAX 03-5244-5089，
e-mail：info@jcopy.or.jp）の許諾を得てください。